SV

Sonderdruck
edition suhrkamp

Als sich abzeichnete, dass Finanzminister Wolfgang Schäuble schon 2014 einen Haushalt ohne neue Schulden geschafft hatte, klopften sich die Politiker der Großen Koalition enthusiastisch auf die Schultern: Von einem »Meilenstein« war die Rede, von einem »Quantensprung« und von einer »historischen Zäsur«. Im Land der schwäbischen Hausfrauen verkörpert die »schwarze Null« Solidität und den Erfolg des deutschen Wirtschaftsmodells. Doch was verbirgt sich hinter dieser symbolmächtigen Zahl?

Lukas Haffert untersucht die große Popularität der deutschen Überschüsse in historischer und vergleichender Perspektive. Er zeigt, welche Erfahrungen andere Länder mit ausgeglichenen Haushalten gemacht haben und leitet daraus wichtige Lehren ab. Sein Fazit ist ernüchternd: Deutschlands Fiskalpolitik folgt gegensätzlichen Zielen, zwischen denen die Handlungsfähigkeit des Staates zerrieben wird. Die »schwarze Null« löst diese Zielkonflikte nicht etwa auf, sie verschärft sie zum Teil sogar.

Lukas Haffert, geboren 1988, ist Oberassistent am Institut für Politikwissenschaft der Universität Zürich. Für seine Forschung wurde er mit dem Deutschen Studienpreis der Körber-Stiftung und der Otto-Hahn-Medaille der Max-Planck-Gesellschaft ausgezeichnet.

Lukas Haffert

Die schwarze Null

Über die Schattenseiten
ausgeglichener Haushalte

Suhrkamp

Erste Auflage 2016
edition suhrkamp
Sonderdruck

Originalausgabe

Satz: Satz-Offizin Hümmer GmbH, Waldbüttelbrunn
Druck: Druckhaus Nomos, Sinzheim
Umschlag gestaltet nach einem Konzept
von Willy Fleckhaus: Rolf Staudt
Printed in Germany
ISBN 978-3-518-07259-2

Inhaltsverzeichnis

Einleitung 7

1. Die schwarze Null: Mythos oder Meilenstein? . 13
Die schwarze Null im politischen Diskurs 15
In der Billionenfalle? 23
Deutschlands Staatsfinanzen im 20. Jahrhundert 31
Die Verheißungen der schwarzen Null 47
Enttäuschungen sind vorprogrammiert 56

2. Zwei Lehren aus Ländern mit Überschüssen . . 59
Wo Überschüsse nichts Ungewöhnliches sind . . 61
Zwei Typen von Überschüssen 65
Die Rhetorik der Überschüsse 88
Ergebnisse der Überschusspolitik 94
Das vorläufige Ende der Überschussregime . . . 112
Dauerhafte Überschüsse bedeuten dauerhafte Austerität 115

3. Die Zukunftsaussichten der schwarzen Null . . 121
Überschussregime oder Überschussepisode? . . 121
Gewinnt Deutschland Handlungsfähigkeit zurück? 133

Schluss – Eine Aufforderung zur Debatte 143

Literatur 151

Einleitung

Die »schwarze Null« ist die symbolmächtigste politische Zahl unserer Zeit. Während Deutschlands Nachbarn und seine wichtigsten ökonomischen Partner mit schweren fiskalischen Problemen zu kämpfen haben, scheint sie die Solidität und Zukunftsfestigkeit der deutschen Finanzpolitik und des deutschen Wirtschaftsmodells zu verkörpern. In ihr, so heißt es, verdichten sich positive wirtschaftliche Entwicklungen und kluge politische Entscheidungen zu einem Bild wohlverdienten Erfolgs. Zugleich soll sie einen fundamentalen Bruch mit den Sünden der Vergangenheit markieren: »Jahrzehntelang«, so erklärte Angela Merkel 2014 vor dem Bundestag, »hat der Staat über seine Verhältnisse gelebt. Damit machen wir Schluss.« (Deutscher Bundestag 2014a)

Diese enthusiastische Deutung der schwarzen Null wird von fast allen politischen Akteuren geteilt. Hinter dem Ziel ausgeglichener Haushalte versammeln sich neoliberale Apologeten des freien Marktes ebenso wie staatsgläubige Sozialdemokraten. Selbst Kritiker – etwa von der Linkspartei, den Gewerkschaften oder den Grünen – beanstanden in der Regel nicht die schwarze Null an sich, sondern nur die Art und Weise, wie sie erzielt wurde, nämlich durch niedrige Staatsausgaben statt durch höhere Steuern.

Die buntscheckige Koalition ihrer Unterstützer ist allerdings nur ein Aspekt, der die schwarze Null zu einem besonderen Phänomen macht. Verblüffend sind auch die politischen Emotionen, die sie auslöst. Führende Politiker der Großen Koalition überhöhen sie als »Wendepunkt« (Angela Merkel), »Meilenstein« (Gerda Hasselfeldt) oder »historische Zäsur« (Thomas Oppermann) (Deutscher Bundestag 2014a, 2014b). Bei der Wahl zum Wort des Jahres 2014 schaffte »schwarze Null« es auf Platz zwei – und wer erinnert sich heute noch, was mit der erstplatzierten »Lichtgrenze« gemeint war?

Die als trocken geltende Haushaltspolitik sorgt also – durchaus passend – für den mit der größten emotionalen Emphase begleiteten Erfolg der Kanzlerschaft der so nüchternen Angela Merkel. Woher aber kommt dieser Zauber der schwarzen Null? Und handelt es sich dabei um mehr als eine gekonnt erzeugte Illusion?

Dieses Buch geht der Faszination, die diese Zahl auslöst, auf den Grund und zeigt, dass sie in vieler Hinsicht unberechtigt ist. Ob man die schwarze Null in zehn Jahren tatsächlich als »historische Zäsur« beurteilen wird, ist alles andere als sicher. Mindestens ebenso wahrscheinlich ist, dass sie als vertane Chance und letztlich bedeutungslose Episode gelten wird.

Dabei können die Befürworter der schwarzen Null durchaus plausible Argumente für diese Politik ins Feld führen. Diese Argumente beleuchten aber nur die Sonnenseite der schwarzen Null. Daneben haben ausgeglichene Haushalte jedoch auch eine Schattenseite. So weckt die Euphorie über die schwarze Null Hoffnungen, die sich kaum jemals werden erfüllen lassen. Zugleich suggeriert sie, ausgeglichene Haushalte hätten nur Gewinner. Deshalb sei Kritik an der schwarzen Null kein Ausdruck legitimer Interessengegensätze, sondern mangelnder Auffassungsgabe, wenn nicht gar bösen Willens. Wie wir sehen werden, führt dies zu einer bedenklichen Verengung des politischen Diskurses.

Um die schwarze Null angemessen bewerten zu können, ist es daher notwendig, Sonnenseiten und Schattenseiten gegeneinander abzuwägen. Das geschieht jedoch nur sehr selten. Die meisten Auseinandersetzungen mit dem Thema betrachten allein die Sonnenseite und erzählen die Geschichte der schwarzen Null als Happy End nach Jahrzehnten fiskalpolitischer Krisen und fehlgeschlagener Konsolidierungsversuche. Endlich, so lautet die Botschaft, ist es gelungen, Defizite zu überwinden. Und dieser Erfolg darf jetzt nicht wieder verspielt werden. Was diese Darstellungen eigentlich umtreibt, ist staatliche Verschuldung – ausführlich werden deren Ursachen und ihre möglichen Gefahren untersucht. Die schwarze Null ist in dieser Perspektive vor allem eins: kein Defizit. Das ist, was sie auszeichnet, und auch schon alles, was man über sie wissen muss.

Dieses Buch stellt die schwarze Null dagegen in den Mittelpunkt. Es interessiert sich für die Zahl selbst; dafür, was sie ist, und nicht nur, was sie nicht ist. Weil ihre Sonnenseiten im politischen Diskurs beinahe omnipräsent sind, konzentriert es sich dabei auf die Schattenseiten. Zudem interpretiert es die schwarze Null weniger als eine ökonomische Kennziffer, sondern vor allem als ein politisches Symbol. Statt um eine neutrale, unpolitische Zahl, handelt es sich bei ihr um ein mächtiges Argument in wirtschaftspolitischen Debatten, weil sie einen simplen, aber wirkungsvollen Maßstab für »gute« und »schlechte«, »verantwortungsvolle« und »verantwortungslose« Politik bietet.

Die schwarze Null auf diese Weise zu betrachten lenkt

den Blick auf eine Reihe von Fragen, die nicht gestellt werden, wenn man ausgeglichene Haushalte allein als Erfolgsgeschichte beschreibt: Was ist der historische Hintergrund für ihre positive Rezeption? Warum bekennen sich ganz unterschiedliche politische Akteure zu ausgeglichenen Haushalten? Welche Versprechen verbinden sie mit ihnen? Und werden sich diese Versprechen erfüllen?

Um diese Fragen zu beantworten, taucht das erste Kapitel zunächst in die aktuelle fiskalpolitische Debatte in Deutschland ein und setzt diese in den Kontext der historischen Entwicklung der deutschen Staatsfinanzen. Es illustriert anhand verschiedener Beispiele aus dem politischen und medialen Diskurs, wie populär die schwarze Null hierzulande ist, und spürt den Gründen für diese Popularität nach. Dabei zeigt es, wie die Geschichte der deutschen Staatsverschuldung im 20. Jahrhundert den heutigen Blick auf staatliche Defizite noch immer prägt. Im politischen Diskurs gilt die schwarze Null als glänzender Kontrapunkt zu einer unheilvollen Tradition, die mindestens bis zum faktischen Staatsbankrott nach dem Ersten Weltkrieg zurückreicht.

Nach der Vergangenheit geht der Blick dann in die Zukunft. Dabei steht die Frage im Mittelpunkt, welche Hoffnungen unterschiedliche politische Akteure mit ausgeglichenen Haushalten verbinden. Konkret lassen sich zwei Visionen staatlicher Überschusspolitik unterscheiden, nämlich eine progressive Vision, die auf eine Stärkung eines aktiven Staates hofft, und eine marktliberale Vision, die in ausgeglichenen Haushalten das beste Mittel gegen ein Ausufern der Staatstätigkeit erkennt. Da diese Visionen sich gegenseitig ausschließen, kann jedoch nur eine der beiden Realität werden.

Der zweite Teil des Buches befasst sich mit der Frage, ob die schwarze Null langfristig bewahrt werden kann und welche der beiden Überschussvisionen sich in Deutschland durchsetzen wird. Werden Überschüsse zu einer Stärkung der staatlichen Handlungsfähigkeit führen oder bleibt der Staat auch weiterhin auf einem Austeritätskurs? Um eine Antwort auf diese Fragen zu finden, stelle ich im zweiten Kapitel die Ergebnisse meiner mehrjährigen Forschungsarbeit zu Haushaltsüberschüssen in entwickelten Demokratien vor.[1] Eine überraschend große Zahl von Ländern hat ausgeglichene Haushalte nämlich schon sehr viel eher erreicht als Deutschland, darunter so unterschiedliche Volkswirtschaften wie die USA, Schweden, Neuseeland und die Niederlande. Allerdings konnten nur wenige dieser Länder ihre Überschüsse auch langfristig bewahren. Ob dies gelang, hing stark von fiskalpolitischen Weichenstellungen während der vorausgehenden Haushaltskonsolidierung ab: Starke Einschnitte bei den Staatsausgaben und eine institutionelle Beschränkung politischer Entscheidungsspielräume waren die Voraussetzung für eine dauerhafte Etablierung schwarzer Zahlen.

Vor allem aber zeigt der Blick in andere Länder, welche der mit ausgeglichenen Haushalten verbundenen Erwartungen sich dort erfüllt haben – und welche nicht. Enttäuscht wurde insbesondere die progressive Hoffnung auf eine Zunahme der staatlichen Gestaltungskraft. Länder mit langjährigen Überschüssen konnten ihre Ausgaben in Zukunftsbereichen wie der öffentlichen Infrastruktur, der Bildung oder der Familienpolitik kaum

1 Eine ausführliche Schilderung dieser Forschungsergebnisse bietet Haffert 2015.

stärker erhöhen als ihre Nachbarn mit Defiziten. Stattdessen entschieden sie sich im Einklang mit der marktliberalen Vision vor allem für Steuersenkungen.

Diese Ergebnisse erlauben es, am Ende des Buches ein historisch und vergleichend informiertes Urteil über Deutschlands schwarze Null zu fällen. Dabei werden sich der große Optimismus und die emotionale Emphase, die sie begleiten, als unbegründet erweisen. Denn erstens ist noch völlig unklar, wie dauerhaft Deutschlands Überschüsse überhaupt sein werden. Und zweitens werden sie, selbst wenn sie langfristig bestehen sollten, bestenfalls kleine Etappensiege im langen Kampf gegen den Verfall staatlicher Handlungsfähigkeit ermöglichen. Es besteht sogar die Gefahr, dass die schwarze Null als Diskursbremse wirkt und dazu beiträgt, politisch nötige Reformdebatten zu unterbinden. Deshalb stellt sich nicht nur die Frage, ob Deutschland die schwarze Null auf Dauer bewahren kann, sondern auch die Frage, ob das überhaupt wünschenswert wäre.

1. Die schwarze Null: Mythos oder Meilenstein?

Die metaphorische Unterscheidung zwischen »roten« und »schwarzen« Zahlen wird dank der historischen Konventionen der doppelten Buchführung – Haben-Buchungen werden in Schwarz (oder Grün), Soll-Buchungen in Rot notiert – überall auf der Welt verstanden. So wie ein deutsches Unternehmen »rote Zahlen« schreibt, ist eine amerikanische Firma »in the red«, eine französische »dans le rouge« und eine italienische »in rosso«.

Die »schwarze Null« hingegen ist eine deutsche Metapher. Kein amerikanischer Manager oder britischer Schatzkanzler würde den Begriff »black zero« verwenden. Und: Es handelt sich um eine sehr junge Metapher. Zwar liegen ihre genauen Ursprünge im Dunkeln, aber weder Finanzminister Fritz Schäffer, der in den fünfziger Jahren mehrere Haushaltsüberschüsse erzielte, noch Alex Möller, der 1969 zum vorerst letzten Mal den Bundeshaushalt ausglich, sprachen von einer »schwarzen Null«. Im Archiv der *Frankfurter Allgemeinen Zeitung* findet sich der Begriff 1979 zum ersten Mal (Frankfurter Allgemeine Zeitung 1979), in dem des Nachrichtenmagazins *Der Spiegel* sogar erst 1992 (Der Spiegel 1992).

1992 war auch das Jahr, in dem das Bild Eingang in den allgemeinen Sprachgebrauch fand. Verantwortlich dafür war der damalige AEG-Chef Ernst Georg Stöckl, der verkündete, den defizitären Elektronikkonzern zurück in die Gewinnzone führen zu wollen. Dabei gab er die »schwarze Null« als Zwischenziel beim »Dreisprung in die schwarzen Zahlen« aus (Strunk 2002). Da der AEG-Chef diese Formulierung mehrfach wiederholte und immer wieder prominent über das Unternehmen berichtet wurde, fand das Bild bald breitere Verwendung in der Wirtschaftspresse und darüber hinaus.

Wenn die Politik sich heute im Glanz der schwarzen Null sonnt, zitiert sie also – vermutlich unwissentlich – einen der größten Fehlschläge der jüngeren deutschen Wirtschaftsgeschichte. Stöckls schwarze Null erwies sich nämlich als Luftnummer, die nicht etwa besseren Geschäften, sondern einmaligen Sondererlösen zu verdanken war. Bereits 1993 schrieb das Traditionsunternehmen wieder einen Milliardenverlust, 1996 wurde es schließlich abgewickelt. Folgerichtig kommentierte die *Frankfurter Allgemeine Zeitung* das mittlerweile populäre Sprachbild noch 1999 ausgesprochen kritisch: »Die so genannte schwarze Null passt eher ins Spielcasino. Nur zu oft verbirgt sich dahinter nämlich ein notdürftig kaschierter Verlust.« (Frankfurter Allgemeine Zeitung 1999)

Diese Ursprünge des Begriffs »schwarze Null« sind heute vollkommen in Vergessenheit geraten. Mittlerweile steht diese Metapher für das genaue Gegenteil des Spielcasinos, nämlich für Solidität, Seriosität und kühles Rechnen. Umso mehr lohnt es, sich an die Geschichte des Begriffs zu erinnern, weil sie die Ambivalenz der schwarzen Null deutlich macht. Die starke Symbolik dieser Zahl lädt dazu ein, sie wahlweise als Heilsbringer oder als Unglücksfall zu betrachten. Tatsächlich sollte man aber versuchen, nüchtern ihre Chancen und ihre Risiken zu analysieren.

Statt eine solche nüchterne Abwägung vorzunehmen, fokussiert sich der deutsche Diskurs jedoch einseitig auf die – emphatisch betonten – Chancen der schwarzen Null. Inzwischen hat man sich ein wenig an diese Null gewöhnt, und die Rhetorik ist entsprechend ruhiger geworden. Als der Bundestag jedoch im Herbst 2014 den ersten ausgeglichenen Haushalt seit 1969 verabschiedete und die Bundesregierung kurz darauf mitteilen konnte, dieses Ziel sogar schon 2014 erreicht zu haben, wurde dies als epochaler fiskalpolitischer Triumph gefeiert.

Kaum ein Regierungsvertreter kam in den Bundestagsdebatten im Herbst 2014 ohne einen Hinweis auf die geschichtliche Bedeutung der schwarzen Null aus. Für die Redner der Großen Koalition war die Verabschiedung des Haushalts wahlweise ein »historischer Moment« (Norbert Barthle, CDU), ein »historischer Tag« (Martin Gerster, SPD), ein »historisches Ereignis« (Rüdiger Kruse, CDU), eine »historische Zäsur« (wortgleich Thomas Oppermann, SPD, und Reinhard Brandl, CSU), eine »historisch einmalige glückliche Situation« (Joachim Pfeiffer, CDU) oder eine »historische Leistung im Sinne der Generationengerechtigkeit« (Marc Hauptmann, CDU). Auf der Suche nach dem größtmöglichen Superlativ sprach Gerda Hasselfeldt (CSU) sogar von einer »historischen Zeitenwende« (alle Zitate aus Deutscher Bundestag 2014b und 2014c).

Damit auch jedem Zuhörer die historische Größe des Augenblicks bewusst wurde, wiesen viele Abgeordnete zudem darauf hin, dass Deutschland zuletzt im Jahr 1969 einen ausgeglichenen Bundeshaushalt erzielt hatte.

Kein einziges Mitglied des Bundestags, der im September 2014 den ausgeglichenen Haushalt debattierte, hatte dem Parlament damals schon angehört. Wie CDU-Generalsekretär Peter Tauber anmerkte, waren viele Abgeordnete noch nicht einmal geboren (Deutscher Bundestag 2014d).

Wer sich dagegen noch an das Jahr 1969 erinnern konnte, versuchte die historische Distanz durch plastische Beispiele greifbar zu machen. So erklärte der haushaltspolitische Sprecher der Unionsfraktion, Norbert Barthle: »1969 gab es also zuletzt einen ausgeglichenen Haushalt. Das war das Jahr, in dem Neil Armstrong den Mond betreten hat und in dem der Berliner Fernsehturm eröffnet wurde.« (Deutscher Bundestag 2014e)

Die Verbindung von Überschüssen mit der Mondlandung hat dabei selbst schon fast historischen Wert. Vermutlich ohne es zu wissen, zitierte Barthle nämlich Bill Clinton, der 1998 den ersten ausgeglichenen US-Haushalt seit 1969 genutzt hatte, um Assoziationen mit der Mondlandung zu wecken: »Vor 29 Jahren betrat Neil Armstrong den Mond, ›Bonanza‹ war eine der erfolgreichsten Fernsehserien, und Sammy Sosa [ein amerikanischer Baseballprofi] war ein Jahr alt.« (Clinton 1998)

Die schwarze Null wurde aber nicht nur im Plenum des Bundestags gefeiert. Die Parteien bemühen sich auch in ihrer Außendarstellung, den ausgeglichenen Haushalt als großen Erfolg zu inszenieren. Besondere Kreativität beweist dabei immer wieder die CDU. Als das Parlament im Herbst 2015 den dritten ausgeglichenen Haushalt in Folge verabschiedete, frohlockte Generalsekretär Peter Tauber: »Nicht nur der FC Bayern München kann Triple, sondern auch die unionsgeführte Bundesregierung« (Tauber 2015). Ein entsprechendes CDU-Werbeplakat (Schlagzeile: »Das Triple«) ersetzte das Kampagnenmotiv aus dem Jahr 2014 (»Die schwarze Null steht!«). Ebenfalls schon 2014 hatte die CDU eine Webseite mit der eingängigen Adresse www.die-schwarze-null.de eingerichtet. Damit bewies sie deutlich mehr kommunikativen Esprit als das Bundesfinanzministerium, dessen eigens eingerichtete Domain www.stabile-haushalte.de arg sperrig daherkommt.

Angesichts der umfassenden Vereinnahmung durch die CDU, die mit Wolfgang Schäuble auch das Gesicht der schwarzen Null stellt, fällt es ihrem Koalitionspartner schwer, diesen fiskalpolitischen Erfolg für sich zu reklamieren. Denn während offenbar unstrittig ist, dass ausgeglichene Haushalte gute christdemokratische Politik sind, bedarf es einer Erklärung, warum sie auch gute sozialdemokratische Politik sind.

Die Versuche, dies argumentativ zu begründen, blieben freilich erfolglos. Während die Union im Glück der schwarzen Null schwelgte, profitierte die SPD kaum von ihrer eifrigen, aber unauffälligen Unterstützung der Konsolidierungspolitik. Die Glücklosigkeit der Sozialdemokraten repräsentiert niemand besser als der ehemalige baden-württembergische Finanzminister Nils Schmid. Zwar erzielte Schmid im Durchschnitt seiner Amtszeit ein leichtes Haushaltsplus und bemühte sich nach Kräften, politisches Kapital daraus zu schlagen – etwa indem er mit einer mannshohen schwarzen Null mit grün-roter Schärpe vor dem Stuttgarter Finanzministerium posierte. Doch während solche Marketing-Stunts der CDU offenbar nutzten, konnten weder Schmid noch seine Partei davon profitieren.

Der politische Umgang mit der schwarzen Null ist aber nicht nur für die SPD eine Herausforderung. Noch größere Schwierigkeiten hatten und haben die Oppositionsparteien. Zwar kritisierten Grüne und Linke – wie wir sehen werden mit durchaus guten Argumenten –, die schwarze Null werde auf Kosten von Zukunftsinvestitionen erzielt. Die Strategie, das Ziel zu teilen und nur den Weg dorthin zu bemängeln, vermittelte aber den Eindruck kleinkrämerischer Detailkritik. Um die Überschusseuphorie der Regierung zu kontern, hätte es einer pointierteren Position bedurft. Folgerichtig konnte die Opposition mit ihren Einwänden bei den Wählerinnen und Wählern kaum durchdringen.

Diese Erfahrung machten auch die Medien, die sich weitgehend um eine kritische Würdigung der schwarzen Null bemühten. Zwar gab es immer wieder Hymnen auf den Finanzminister, beispielsweise von Roland Tichy, der in der *Bild am Sonntag* die Rhetorik der Großen Koalition ungebrochen übernahm: »Die schwarze Null bedeutet, dass wir erstmals seit 1969 keine neuen Schulden aufnehmen. Eine großartige Leistung! Damit hat Bundesfinanzminister Wolfgang Schäuble sich einen Platz in den Geschichtsbüchern erobert.« (Tichy 2015) Zugleich ironisierten aber insbesondere die Qualitätsmedien den Jubel über die schwarze Null immer wieder – bis hin zu der an Schäuble gerichteten Frage, ob er sich selbst für den besten Finanzminister aller Zeiten halte. Karikaturisten bot die Begeisterung über die schwarze Null reiches Material für eine Vielzahl von Pointen. Diese belegten letztlich aber nur, wie populär ausgeglichene Haushalte eigentlich sind. Ein weniger intensiv bejubeltes Ereignis hätte den politischen Humor wohl kaum derart herausgefordert.

Inhaltliche Kritik an der schwarzen Null wurde wiederholt in eher linksliberalen Medien wie der *Süddeutschen Zeitung* oder der Wochenzeitung *Die Zeit* geübt. Diese bemängelten, ähnlich wie Grüne und Linke im Bundestag, der Haushaltsüberschuss gehe auf Kosten der öffentlichen Investitionen. Gleichzeitig verlangten sie aber auch, die schwarze Null müsse auf Dauer gestellt und ein Rückfall in neuerliche Defizite vermieden werden. Das las sich insgesamt nicht wie eine pointierte Kritik, sondern wie ein gequältes »Ja, aber«, das wenig argumentative Zugkraft entfaltete.[1] Dem Argument, der Überschuss sei gerade die Voraussetzung für höhere Investitionen, hatte solche Kritik wenig entgegenzusetzen.

Der Versuch, ausgeglichene Haushalte differenziert zu betrachten und ihre Vor- und Nachteile gegeneinander abzuwägen, erwies sich angesichts der überwältigenden Symbolik der schwarzen Null als aussichtslos. Der legitime Hinweis, es sei durchaus möglich, diese Null kritisch zu sehen, ohne damit zugleich neuerlichen Defiziten das Wort zu reden, blieb in der öffentlichen Debatte weitgehend ungehört. In einer Umfrage der Forschungsgruppe Wahlen sprachen sich im November 2014 66 Prozent der Befragten für die Politik der schwarzen Null aus (Forschungsgruppe Wahlen 2014). Genüsslich hielt Finanzminister Schäuble den Oppositionsrednern deshalb in der Haushaltsdebatte im November 2014 vor:

---

1 Ein charakteristisches Beispiel bietet etwa Bohsem 2015.

> Ich kann ja verstehen, dass es für Sie, nachdem Sie in Meinungsumfragen gesehen haben, dass es sogar die Anhänger der Oppositionsparteien in großer Mehrheit für richtig halten, dass wir keine neuen Schulden machen, ein bisschen schwierig ist, hier dagegen zu polemisieren. [...] Sie reden gegen die breite Überzeugung der Bevölkerung wie des wirtschaftswissenschaftlichen Sachverstands in Deutschland, wenn Sie diese Finanzpolitik kritisieren. (Deutscher Bundestag 2014e)

Damit hatte Schäuble im Hinblick auf die Bevölkerung tatsächlich recht. Die Position der Wirtschaftswissenschaften stellte er dagegen zumindest unpräzise dar. Denn eine Mehrheit der Ökonomen unterstützt zwar einen Abbau der öffentlichen Verschuldung und strukturell ausgeglichene Haushalte. Sie versteht darunter aber wesentlich flexiblere und vor allem längerfristige Ziele als die rigide Festlegung auf eine konkrete Zahl innerhalb eines einzelnen Haushaltsjahres.

Es kann daher nicht klar genug betont werden, dass die Zahl Null, rein finanzwissenschaftlich gesehen, keine spezielle Bedeutung hat. In einer Volkswirtschaft mit einem Bruttoinlandsprodukt von drei Billionen Euro hätte ein Überschuss von drei Milliarden aus ökonomischer Perspektive keine andere Wirkung als ein Defizit von sechs Milliarden Euro. Die Wirtschaftswissenschaften interessieren sich ohnehin weniger für die nominellen, sondern vor allem für die strukturellen, um konjunkturelle Effekte bereinigten Haushaltszahlen. Je nach wirtschaftlicher Situation kann eine schwarze Null im Budgetsaldo nämlich ein strukturelles Defizit oder einen strukturellen Überschuss bedeuten.[2] So wirken in

2 Tatsächlich kalkuliert die Bundesregierung in den kommenden Jahren sogar mit kleinen strukturellen Defiziten (Bundesministerium der Finanzen 2016a).

einem Abschwung sogenannte automatische Stabilisatoren im Staatshaushalt: Wenn mehr Menschen arbeitslos werden, sinken die Steuereinnahmen und die Sozialausgaben steigen. Das vergrößert das Defizit, ist aber gerade erwünscht, um die Wirtschaft zu stabilisieren. Im Falle eines Konjunktureinbruchs kann ein Budgetdefizit von ein oder zwei Prozent des BIP daher durchaus mit einem strukturell ausgeglichenen Haushalt verbunden sein. Solche Defizite sollte der Staat tolerieren, um den Wirtschaftsabschwung nicht noch zu verschärfen.

Auch konjunkturbereinigte Zahlen geben allerdings noch keine Auskunft darüber, was ein ökonomisch »korrekter« (im Sinne von gesamtgesellschaftlich den größten Nutzen stiftender) Haushaltssaldo wäre und wie man einen solchen überhaupt festlegen könnte. Angesichts der Schwäche der Eurozone könnte ein strukturelles Defizit von zwei Prozent sinnvoll sein, um die Nullzinsphase für höhere Neuverschuldung zu nutzen und zusätzliche Nachfrage im Euroraum zu schaffen. Angesichts der Alterung der Gesellschaft könnte aber auch ein Überschuss von zwei Prozent nötig sein, um für die Kosten des demografischen Wandels Vorsorge zu treffen. Dies ist mindestens so sehr eine normative wie eine analytische Frage. Dass dieser »korrekte« Saldo ausgerechnet bei genau null liegt, wäre aber ein gewaltiger Zufall.

Was der aus ökonomischer Sicht »richtige« deutsche Haushaltssaldo wäre, ist aber auch nicht entscheidend. Dies ist ein Buch über die Politik der Überschüsse, nicht über ihre Ökonomie. Es stellt die Frage, wie berechtigt die positiven Erwartungen sind, die mit der schwarzen Null verbunden werden. Und in dieser Hinsicht gilt es festzuhalten, dass die Null, ökonomisch gesehen, eine Zahl ohne besonderes Gewicht ist. Ihre eigentliche Bedeutung ist politischer Natur. Denn politisch hat sie eine kaum zu überschätzende Symbolkraft. Dass die Null sich hier erheblich von anderen Zahlen unterscheidet, brachte der CDU-Abgeordnete Rüdiger Kruse sehr treffend auf den Punkt:

> In der Vergangenheit wäre es so gewesen: Wenn man bei einem Ziel, nur 20 Milliarden neue Schulden zu machen, bei 20,1 Milliarden gelandet wäre, hätte keiner etwas gesagt. Ich kann mir aber nicht vorstellen, dass jetzt einer von uns auch nur 100 Millionen Euro auf die schwarze Null in Rot drauflegen möchte. Das ist die große Leistung [...]. (Deutscher Bundestag 2014a)

In der Tat: Auch wenn zwischen einem ausgeglichenen Haushalt und einem kleinen Defizit ökonomisch praktisch kein Unterschied besteht, liegen dazwischen politisch doch Welten. Was an anderer Stelle ein Rundungsfehler wäre, ist bei der Null eine Frage von existenzieller Bedeutung. Hier trennt nicht mehr als ein Vorzeichenwechsel den verantwortungslosen Finanzhasardeur, der Politik auf Kosten unserer Kinder macht, vom angesehenen Staatsmann, der den Haushalt kompetent und weitsichtig durch die Stürme der Weltkonjunktur lenkt. Wenn Regierungspolitiker die schwarze Null als historischen Triumph feiern, tun sie dies, um genau dieses staatsmännische Bild zu erzeugen. Niemand ist darin geschickter als Wolfgang Schäuble.

Während die Bundesregierung sich für ihre Haushaltspolitik feiert und damit in der Bevölkerung auf überwiegende Zustimmung stößt, haben kritische Stimmen – oder auch nur solche, die auf einer differenzierten Betrachtung bestehen – es bislang kaum geschafft, in der Öffentlichkeit Gehör zu finden. Warum aber bewerten die Deutschen staatliche Haushaltsüberschüsse so ungeheuer positiv? Wieso wird die Zahl Null im Kontext des Staatshaushaltes symbolisch derart überhöht? Und warum war dies in den fünfziger und sechziger Jahren, als der Staat ebenfalls ausgeglichene Haushalte erzielte, noch nicht der Fall?

Um diese Fragen zu beantworten, muss man sich vergegenwärtigen, wie wenig wir eigentlich über Haushaltsüberschüsse wissen. Die meisten deutschen Politiker haben nie ausgeglichene Haushalte erlebt – genau wie ihre Wähler. Womit sie sich jedoch bestens auskennen, sind Haushaltsdefizite. Und über Defizite haben Politiker wie Wähler eines gelernt: Defizite sind schlecht. Die Begeisterung für die schwarze Null erwächst deshalb quasi spiegelbildlich aus der Ablehnung von Staatsverschuldung. Je heftiger man Schulden ablehnt, desto größer die Freude über Überschüsse. Und umgekehrt gilt, dass Kritiker der schwarzen Null schnell in den rufschädigenden Verdacht geraten, Befürworter von Staatsverschuldung zu sein.

Wie eng die positive Bewertung von Überschüssen mit einer Negativbewertung von Defiziten verknüpft ist, zeigen ebenfalls die Bundestagsdebatten über den Etat für 2015. »Schuldenfalle«, »Wirtschaften auf Pump«, »über seine Verhältnisse leben« – so beschrieben die Redner die Welt, die sie dank der schwarzen Null hinter sich lassen wollten (Deutscher Bundestag 2014a, 2014b, 2014c). Besonders direkt konstruierte diesen Gegensatz zwischen dunkler Vergangenheit und leuchtender Zukunft der CDU-Haushaltspolitiker Norbert Brackmann: »Das ist das Ende der Schuldenpolitik. Das ist der Neuanfang einer soliden Zukunftspolitik. Das ist der Erfolg dieser Großen Koalition.« (Deutscher Bundestag 2014e)

Die Begeisterung für ausgeglichene Haushalte ist also Ausdruck einer Ablehnung von Schulden und einer Dramatisierung ihrer Folgen. Und sie lebt besonders vom Kontrast zwischen der deutschen Haushaltslage und den fiskalischen Schwierigkeiten anderer Länder. Insbesondere die Eurokrise wird in der deutschen Politik häufig als Staatsverschuldungskrise interpretiert – ungeachtet der Tatsache, dass die Krisenökonomien Irland und Spanien bis 2008 deutlich bessere Haushaltszahlen auswiesen als Deutschland. Das hielt CSU-Landesgruppenchefin Gerda Hasselfeldt aber nicht davon ab, einen direkten Zusammenhang zwischen der Eurokrise und Deutschlands Überschüssen zu konstruieren:

> Dieser ausgeglichene Haushalt ist auch ein richtiges Signal in Richtung Europa. […] Es war die zu hohe Staatsverschuldung in den einzelnen Ländern, die die Krise in Europa herbeigeführt hat. Deshalb war es richtig, wie wir gehandelt haben. (Deutscher Bundestag 2014b)

Die Warnung, ohne Deutschlands Überschüsse drohe eine Verschärfung der Eurokrise, wird aber nicht nur von Politikern genutzt, sondern ist auch in den Medien sehr präsent. So verkündete die Tageszeitung *Die Welt*, Deutschland müsse »in Europa ein Vorbild sein« (Greive 2014), während die *Frankfurter Allgemeine Zeitung* unkte: »Andere Länder warten nur darauf, dass Deutschland seinen stabilitätspolitischen Kurs aufgibt, um wieder fröhlich noch mehr Schulden machen zu können.« (Schäfers 2015)

Selbst Medien, welche die Vorzüge der schwarzen Null ambivalent kommentieren, liegen beim Thema Staatsverschuldung voll auf Regierungslinie. Auch in ihrer Darstellung sind öffentliche Schulden ein unzweifelhaftes Übel, das politisch bekämpft werden muss. So sah der *Bonner Generalanzeiger* – rhetorisch besonders zugespitzt, aber inhaltlich durchaus repräsentativ – Deutschland noch 2012 »in der Schuldenfalle« (Bonner Generalanzeiger 2012). Andere Kommentatoren erlaubten sich Kritik an der Entstehung des Überschusses erst, nachdem sie, wie Claus Hulverscheidt in der *Süddeutschen Zeitung*, dem Anti-Defizit-Konsens rhetorisch Tribut gezollt hatten:

> Selbstverständlich ist ein kleiner Etatüberschuss besser als jene Verschuldungsorgien, die bis vor wenigen Jahren gang und gäbe waren. [...] So symbolträchtig die Null bei der Nettokreditaufnahme zweifellos ist, so wenig sagt sie [jedoch] über die Qualität eines Budgets aus. (Hulverscheidt 2014)

Die drastischsten Folgen werden Defiziten aber weder in der Politik noch in den Medien zugeschrieben, sondern in einer umfangreichen populärwissenschaftlichen Literatur, die mit Verschuldungskritik ihr Geld verdient. Dabei haben selbst von renommierten Autoren verfasste und differenziert argumentierende Bücher wie Kai Konrads und Holger Zschäpitz' *Schulden ohne Sühne* keine Angst vor populistischen Zuspitzungen. So tönt der Klappentext des Buches:

> Können Staaten pleitegehen? Wollen wir wetten? [Die Autoren] zeigen, wie es zur aktuellen Lage kommen konnte, warum wir alle betroffen sind und wie man sein Geld retten kann. [...] Wenn wir aus der Billionenfalle nicht herauskommen, drohen uns allen – Arbeitnehmern, Rentnern, Kapitalanlegern – drastische Folgen, die der Hyperinflation und den Währungsreformen, die Deutschland in seiner Geschichte schon mehrfach erlebt hat, in nichts nachstehen. (Konrad/Zschäpitz 2010)

Auch der frühere Verfassungsrichter und Beinahe-Finanzminister Paul Kirchhof bedient mit seinem Buchtitel *Deutschland im Schuldensog* den Markt für Krisendiagnosen und setzt den Standard der rhetorischen Eskalation bereits ziemlich hoch (Kirchhof 2012). Weniger differenziert argumentierende Bücher wie Walter Wittmanns *Staatsbankrott* bemühen sich nach Kräften, ihn noch zu überbieten:

> Nach der Finanzkrise kreist der Pleitegeier über den europäischen Ländern. Die Währungsunion steht vor der Zerreißprobe. Welcher Staat muss als Erster die totale Zahlungsunfähigkeit ankündigen? Wen zieht es mit in den Abgrund? Und was kann man dagegen tun? (Wittmann 2010)

Dass diese Untergangsrhetorik der Politik als Argumentationshilfe durchaus willkommen ist, zeigt die 2012 von Rainer Hank, dem Leiter des Wirtschaftsressorts der *Frankfurter Allgemeinen Sonntagszeitung*, veröffentlichte Polemik *Die Pleite-Republik. Wie der Schuldenstaat uns entmündigt und wie wir uns befreien können.*[3] Vorgestellt wurde Hanks Buch von keinem Geringeren als Wolfgang Schäuble, der urteilte: »Ich möchte das Buch allen empfehlen. Es macht unheimlich viel Freude, sich

3 Später wurde das Buch mit dem weniger reißerischen Untertitel *Wenn Schulden die Politik bestimmen* ins Programm der Bundeszentrale für politische Bildung übernommen (vgl. Hank 2012).

mit dem Buch auseinanderzusetzen und darüber zu streiten.« (Verlagsgruppe Random House 2012)

In Zeiten der Eurokrise verkauft sich die Dramatisierung von Staatsverschuldung offenbar bestens. So gut sogar, dass selbst die linke Antwort auf die orthodoxe Verschuldungskritik mehrere Bestseller hervorgebracht hat. Die bekanntesten Beispiele dafür sind wohl David Graebers – von Frank Schirrmacher gefeiertes – *Schulden. Die ersten 5000 Jahre* (Graeber 2012) und Mark Blyths *Austerity* (Blyth 2014), das von der Friedrich-Ebert-Stiftung mit dem Preis für Wirtschaftspublizistik ausgezeichnet wurde.

Während Blyth und Graeber den Kampf gegen Verschuldung für ein trojanisches Pferd des Neoliberalismus halten, verbinden andere Linke ebenfalls große Befürchtungen mit staatlichen Defiziten. So sieht Wolfgang Streeck das »Staatsvolk« der Bürger zunehmend vom »Marktvolk« der Investoren entmachtet, das in verschuldeten Staaten die Oberhand über die Politik gewinne (Streeck 2013). Indem sie Abhängigkeit von den Finanzmärkten erzeuge, untergrabe die Verschuldung die Demokratie – eine Analyse, die der Konservative Kirchhof vorbehaltlos teilen würde. Doch während konservative Verschuldungskritiker daraus die Notwendigkeit einer strikten Konsolidierungspolitik ableiten – und Überschüsse entsprechend feiern –, erkennt Streeck darin kein Heilsversprechen: Eine Politik, die den Interessen der Märkte folgt, um nicht von den Märkten abhängig zu werden, kann ihm bestenfalls paradox erscheinen.

Die europäische Krise stellt den Kritikern staatlicher Verschuldung also mächtige Bilder zur Verfügung und verschafft ihnen große Aufmerksamkeit. Die Problematisierung der Staatsverschuldung ist allerdings viel älter als die Eurokrise. Seit mindestens vierzig Jahren sind Journalisten, Professoren und Oppositionspolitiker aller Parteien mit dramatischen Warnungen vor den Folgen der Verschuldung zur Stelle, wann immer eine Regierung einen Anstieg der Neuverschuldung verkünden muss. Sogar die katholische Bischofskonferenz fühlte sich 1980 (als die Schuldenquote noch bei vierzig Prozent des BIP lag) berufen, ihre wirtschaftspolitische Kompetenz mit einem Hirtenbrief in die Debatte einzubringen:

> Seit Jahren stehen wir in der Bundesrepublik Deutschland in der Gefahr, über unsere Verhältnisse zu leben und damit die Lebenschancen unserer Kinder zu belasten. Die Ausweitung der Staatstätigkeit, die damit verbundene Bürokratisierung und die gefährlich hohe Staatsverschuldung müssen jetzt korrigiert werden. (Die deutschen Bischöfe 1980)

Staatsverschuldung, so das hier mitschwingende Argument, ist nicht nur ökonomisch falsch. Sie ist auch unmoralisch. Diese Kritik appelliert an die in unserer Kultur seit Jahrtausenden verwurzelte Idee, der Schuldner sei eine Gestalt von zweifelhaftem Charakter. Umso fragwürdiger erscheint es daher, wenn der Staat als Repräsentant des Gemeinwesens zum Schuldner wird.

Auch aus diesem Grund ist die Verschuldung des Staates seit vielen Jahren ein beliebtes Thema der Demokratiekritik. Ein Dauerbrenner dieses Genres bleibt die häufig Joseph Schumpeter zugeschriebene und in Deutschland von Franz Josef Strauß popularisierte These, die Staatsverschuldung sei eine Art Naturgesetz der Demokratie: »Eher legt ein Hund einen Wurstvorrat an, als dass Politiker eine Budgetreserve bilden.« Unter diesem Charakterdefizit leiden aber offenbar nicht nur demokratische Politiker. Bereits 1741 warnte der schottische Aufklärer David Hume:

> Für einen Minister ist es sehr verführerisch, ein derartiges Mittel [die Staatsschulden] zu benutzen, das ihn in den Stand setzt, während seiner Verwaltung den großen Mann zu spielen, ohne das Volk mit Steuern zu überladen oder eine sofortige Unzufriedenheit gegen sich zu erregen. […] Es würde kaum geringere Klugheit offenbaren, einem verschwenderischen Sohne bei jedem Bankgeschäft in London Credit zu geben, als einen Staatsmann zu ermächtigen, in einer derartigen Weise Wechsel auf die Nachkommen zu geben. (Zitiert nach Hank 2012, S. 283)

Und für David Ricardo, einen der ersten klassischen Ökonomen, war die öffentliche Verschuldung schlicht »eine der furchtbarsten Geißeln, die jemals zum Unglück eines Volkes erfunden worden ist« (zitiert nach Kirchhof 2012, S. 30).

Ein wiederkehrendes Motiv dieser moralisch aufgeladenen Verschuldungskritik lautet, was für einen privaten Haushalt gelte, sei auch für den öffentlichen Haushalt richtig. Gerne wird hier zustimmend Adam Smith, der Stammvater der modernen Ökonomie, zitiert: »Was aber vernünftig im Verhalten einer einzelnen Familie ist, kann für ein mächtiges Königreich kaum töricht sein.«[4] (Smith 2013 [1776], Buch 4, Kap. 2, S. 372) Dass Smith sich dabei nicht etwa auf die Verschuldung, sondern auf die internationale Arbeitsteilung bezog, scheint im Laufe der Jahrhunderte vergessen worden zu sein. Wenn Angela Merkel heute von der buchhalterischen Weisheit der schwäbischen Hausfrau spricht, hallt darin das

4 Mit diesem Zitat eröffnet etwa James Buchanans und Richard Wagners Pamphlet *Democracy in Deficit* (vgl. Buchanan/Wagner 1977).

Echo des in 250 Jahren uminterpretierten Smith-Diktums nach.

Auf die Spitze treibt diese Gleichsetzung staatlicher und privater Haushaltsführung aber natürlich das Bild von der schwarzen Null selbst, das ja ursprünglich aus einem unternehmerischen Kontext stammt, in dem es die Schwelle zur Profitabilität bezeichnen sollte. Das Unternehmen, das wieder Profit für seine Anteilseigner erwirtschaften soll, wird hier zum Maßstab für den Staat. Staatliche Defizite werden mit Unternehmensverlusten, staatliche Überschüsse mit Unternehmensgewinnen gleichgesetzt.

Die keynesianische These, der Staatshaushalt lasse sich gerade nicht mit einem Privathaushalt (oder gar einem Unternehmen) vergleichen, ist der deutschen Öffentlichkeit dagegen stets fremd geblieben. Keynes' Begründung für den kategorialen Unterschied zwischen Staats- und Privathaushalt lässt sich am besten mit dem sogenannten »Sparparadox« illustrieren: Wenn ein einzelner Privathaushalt spart, ist er danach reicher. Wenn aber alle Haushalte gleichzeitig (durch den Staat) sparen, sind danach alle Haushalte ärmer. Denn die Ausgaben eines Haushalts sind immer auch das Einkommen eines anderen. Wenn nur ein Haushalt spart, ist dieser Effekt zu vernachlässigen. Wenn aber alle Haushalte ihre Ausgaben reduzieren, dann sinken auch die Einkommen. Die schwäbische Hausfrau ist demnach denkbar ungeeignet, der staatlichen Finanzpolitik als Vorbild zu dienen.

Von einer kurzen Phase in den sechziger und siebziger Jahren abgesehen, war diese Ansicht in Deutschland jedoch kaum mehrheitsfähig. Stattdessen herrschte Verschuldungskritik. Tatsächlich ist diese Kritik, obwohl sie teilweise seltsame rhetorische Blüten trieb, auch in vieler Hinsicht berechtigt. Denn öffentliche Schulden können ja in der Tat die staatliche Handlungsfähigkeit einschränken, Abhängigkeit von Finanzmärkten erzeugen oder schwierige Probleme der Generationengerechtigkeit aufwerfen. Dass Schulden kein langfristig sinnvolles Politikinstrument sind, zeigt bereits die Tatsache, dass die Bundesrepublik mittlerweile mehr Geld für Schuldzinsen ausgegeben hat, als sie durch Kredite überhaupt einmal eingenommen hatte. Ohne Neuverschuldung hätte der Staat netto nicht weniger Geld ausgeben können, wäre heute aber schuldenfrei (Kirchhof 2012, S. 19; Hansmann 2012, S. 27).

Daraus folgt aber noch keineswegs, dass die real existierende schwarze Null bereits zwingend gute Politik ist. Wer eine kritische Haltung gegenüber der schwarzen Null einnimmt, spricht sich damit noch längst nicht für neuerliche Defizite aus. Er weist zunächst einmal nur darauf hin, dass auch für ausgeglichene Haushalte ein Preis zu zahlen ist, der möglicherweise zu hoch sein könnte. Die hysterische Rhetorik weiter Teile der Verschuldungskritik verhindert solche Differenzierungen jedoch. Sie zeichnet ein einfaches, aber effektvolles Bild, in dem Defizite immer schlecht und Überschüsse deshalb immer gut sind. Und damit bereitet sie der Begeisterung über die schwarze Null den Boden.

Deutschlands Staatsfinanzen im 20. Jahrhundert

Wie die bisherige Erkundung des deutschen Diskurses über die schwarze Null gezeigt hat, hängt die Popularität, die ausgeglichene Etats heute in Deutschland genießen, eng mit einer entschiedenen Ablehnung öffentlicher Verschuldung zusammen. Diese Ablehnung ist jedoch weder selbstverständlich noch eine historische Konstante. Vielmehr ist sie das Ergebnis einer mehr als einhundert Jahre währenden historischen Entwicklung. Bereits der zweimalige faktische Bankrott des deutschen Staates im Gefolge der beiden Weltkriege hinterließ – zumal bei den bürgerlichen Mittelschichten, die große Teile ihres Vermögens in Staatspapiere investiert hatten – tiefe Spuren (Taylor 2013). Vor allem aber erklären die letzten viereinhalb Jahrzehnte ununterbrochener Defizite, die Verschuldungskritik zunehmend zu einer Art intellektuellem Volkssport werden ließen, mit welchem Überschwang die schwarze Null heute begrüßt wird.

Die Geschichte des deutschen Nationalstaats war seit seiner Gründung immer auch eine Verschuldungsgeschichte. Bereits am Vorabend des Ersten Weltkriegs lag die kumulierte Verschuldung von Reich, Ländern und Kommunen laut Hans-Peter Ullmann bei 58 Prozent des Bruttosozialprodukts, und damit etwa auf dem Niveau der frühen neunziger Jahre. Das ist umso bemerkenswerter, da der Anteil des Staats an der Wirtschaft im Kaiserreich noch sehr viel kleiner war. Der Sozialstaat steckte noch in den Kinderschuhen, von staatlicher Konjunkturpolitik war keine Rede, und der mit weitem Abstand größte Ausgabenposten im Reichshaushalt war das Militär. Insgesamt lagen die Ausgaben aller staatlichen Ebenen im frühen 20. Jahrhundert bei etwa 15 Prozent des Volkseinkommens. Zudem waren die öffentlichen Schulden ganz anders verteilt: Entfallen heute gut 60 Prozent der gesamten Verschuldung auf den Bund, waren vor 1914 die Kommunen, die kräftig in den Ausbau der städtischen Infrastruktur investierten, der wichtigste öffentliche Schuldner (Ullmann 2005).

Als ein Hauptgrund für die strukturelle Unterfinanzierung des Staates galt die Verteilung der Steuerkompetenzen zwischen Reich und Ländern. Die Hoheit über die direkten Steuern, die in der Industriegesellschaft zur wichtigsten Einnahmequelle wurden, lag bei den Gliedstaaten, so dass das Reich ein »Kostgänger der Länder« (Bismarck) blieb. Berlin war deshalb gezwungen, andere Instrumente wie Zölle und Verbrauchsteuern mit wachsender Kreativität zu nutzen, ohne damit jedoch ein strukturelles Gleichgewicht der Reichsfinanzen zu erreichen (Nipperdey 1992, S. 166ff.).

Diese Strukturschwäche der Finanzverfassung war mit dafür verantwortlich, dass Deutschland den Ersten Weltkrieg noch stärker über Anleihen finanzierte als die anderen Kriegsparteien. Dadurch stieg die Staatsverschuldung bis Kriegsende auf 300 Prozent des Nationaleinkommens (Hansmann 2012, S. 15). Zudem hatte die Ausweitung der Geldmenge, die vor allem gegen Ende des Krieges als letztes Mittel der Kriegsfinanzierung genutzt wurde, einen enormen Inflationsdruck zur Folge.

Nach dem fiskalpolitischen Desaster des Krieges konnten die Reichsfinanzen auch durch die fundamentale Reform der Finanzverfassung, die der erste Finanzminister der Weimarer Republik, der Zentrumspolitiker Matthias Erzberger, durchsetzte, nur kurzzeitig stabilisiert werden. Eine echte Austeritätspolitik schien angesichts der instabilen politischen Verhältnisse kaum möglich (Fischer 2013, S. 206). Zudem profitierten mächtige Interessen durchaus von der sich beschleunigenden Inflation.

Dazu zählte nicht zuletzt der Staat selbst, reduzierte die Geldentwertung doch zunehmend die reale Last der Kriegsschulden. Als sich die Inflation mit der staatlichen Finanzierung des Widerstands gegen die französische Ruhrbesetzung zur Hyperinflation ausweitete, machte dies die Staatsverschuldung endgültig obsolet. Nach der Währungsreform im November 1923 war die gesamte interne Kriegsschuld des deutschen Reiches real noch 16 Pfennig wert (Ambrosius 2005, S. 311).

Gleichzeitig hatten jedoch viele Millionen Zeichner der insgesamt neun Kriegsanleihen einen – häufig großen – Teil ihres Vermögens verloren. Die Hyperinflation hinterließ somit gleich ein doppeltes Trauma: Neben der Erfahrung einer totalen Währungsentwertung auch die eines (wenngleich verschleierten) Staatsbankrotts. Staatsverschuldung, Währungskollaps und Wirtschaftskrise gingen in der kollektiven Erinnerung der Deutschen von nun an eine verhängnisvolle Verbindung ein (Taylor 2013). Noch heute verweisen Kommentatoren – wie Konrad und Zschäpitz in ihrem oben zitierten Buch – auf die Weimarer Hyperinflation, um die Gefahren staatlicher Defizite zu illustrieren.

Trotz der durch die Hyperinflation erreichten Entschuldung blieb die finanzielle Situation der Weimarer Republik prekär. Zwar verbesserte sich die Haushaltslage nach dem Ende der Inflation zunächst deutlich. Hinter diesen positiven Zahlen verbarg sich jedoch die ungelöste Reparationsfrage. Die nach dem Dawes-Plan von 1924 festgelegten Reparationszahlungen wurden nämlich nicht durch Steuereinnahmen, sondern durch amerikanische Kredite finanziert (Fischer 2013, S. 213). Das Risiko dieser Politik zeigte sich, als die amerikanischen

Investoren nach dem Ausbruch der Weltwirtschaftskrise abrupt ihr Kapital abzogen. Damit griff die Krise in dramatischer Weise auf Deutschland über.

Ab dem Jahr 1930 setzten die mit Notverordnungen regierenden Präsidialkabinette Heinrich Brünings dann einen strikten Austeritätskurs durch, der bis heute eng mit seinem Namen verbunden ist. Brüning erhöhte Steuern, kürzte Sozialausgaben und setzte tiefe Einschnitte beim Staatsapparat durch (ebd. S. 217). Dahinter stand eine orthodoxe Wirtschaftstheorie, vor allem aber das politische Kalkül, den Siegermächten die Unerfüllbarkeit ihrer Reparationsforderungen zu beweisen. Für das Ziel einer Streichung der Reparationen war Brüning sogar bereit, eine Vertiefung der Wirtschaftskrise in Kauf zu nehmen (Kolb/Schumann 2013, S. 137).

In der wissenschaftlichen Diskussion sehen die meisten Autoren Brünings Austeritäts- und Deflationspolitik als schweren Fehler, der maßgeblich zum Kollaps der Weimarer Republik und zum Aufstieg Hitlers beigetragen habe.[5] Im kollektiven Gedächtnis der Deutschen wird sie jedoch eindeutig von der Hyperinflation verdrängt. Bis heute ist die ökonomische Krise ihrer ersten Republik in der Erinnerung vieler Deutscher mit Inflation statt mit Deflation, mit zu hohen, nicht mit zu niedrigen Haushaltsdefiziten verbunden. Auf die Frage, wie hoch die Inflation im Jahr 1932 war, würden die meisten Deutschen vermutlich mit einer drei-, vier-

5 Allerdings hat Knut Borchardt in den späten siebziger Jahren eine heftige Kontroverse über Brünings Handlungsalternativen ausgelöst. Einen guten Überblick über den Forschungsstand und eine Diskussion der revisionistischen Position Borchardts bieten Eberhard Kolb und Dirk Schumann (Kolb/Schumann 2013, S. 260-262).

oder sogar fünfstelligen Zahl antworten. In Wirklichkeit sanken die Lebenshaltungskosten in diesem Jahr jedoch um etwa zehn Prozent (Räth 2009).

Nach dem Zusammenbruch der Weimarer Republik ging der Zweite Weltkrieg mit einer erneuten Vervielfachung der Staatsverschuldung einher (Holtfrerich 1996). Statt durch Anleihen bei den Bürgern wurde sie jedoch über die Reichsbank und über private Banken finanziert, die man zwang, Staatstitel zu erwerben. Mit dem Zusammenbruch des Deutschen Reiches verloren auch diese Schulden ihren Wert. Der deutsche Staat war innerhalb von 25 Jahren zum zweiten Mal bankrott. Die Folge waren blühende Schwarzmärkte und schließlich die Währungsreform des Jahres 1948.

Dass dieser Bankrott nicht dieselben Verwerfungen im kollektiven Gedächtnis der Deutschen hinterließ wie der von 1923, hing vermutlich auch damit zusammen, dass der zweiten deutschen Republik ein wesentlich günstigeres Schicksal beschieden war als ihrer Weimarer Vorgängerin. Die hohen Wachstumsraten des Wirtschaftswunders sorgten in den fünfziger Jahren für stark wachsende Steuereinnahmen. Diese ermöglichten es der jungen Bundesrepublik, für etwa zwei Jahrzehnte weitgehend ausgeglichene Haushalte zu erwirtschaften, so dass die Schuldenquote auf den nach der Währungsreform erreichten zwanzig Prozent des Nationaleinkommens verharrte. Finanzminister Fritz Schäffer (CSU) konnte sogar einige Jahre hohe Überschüsse erzielen, weil für den Aufbau der Bundeswehr eingeplante Mittel nicht verwendet wurden. Diese unter dem Namen »Juliusturm« bekannten Überschüsse wurden vor der Wahl des Jahres 1957 schließlich von einem sogenannten »Kuchenausschuss« zur Finanzierung zahlreicher Wahlgeschenke, insbesondere der dynamischen Rente, verwendet (Pagels 1979).

Trotz solcher Ausgabenprogramme blieb die Haushaltslage dank des starken Wachstums und der niedrigen Arbeitslosigkeit bis Ende der sechziger Jahre weitgehend entspannt (vgl. Abbildung 1). Ihren bislang letzten Überschuss erzielte die Bundesrepublik dann 1969. Franz Josef Strauß, der Finanzminister der Großen Koalition, hatte im Haushaltsentwurf ursprünglich ein Defizit von 3,6 Milliarden DM vorgesehen. Dank der positiven Wirtschaftslage konnte sein Nachfolger Alex Möller, erster Finanzminister der sozialliberalen Koalition, jedoch vollständig auf neue Kredite verzichten. Allerdings wurde dieser Überschuss ganz anders gedeutet, als dies heute geschieht. Nicht nur sprach Möller nicht von einer schwarzen Null, er wäre auch nicht auf die Idee gekommen, den Überschuss als »Triumph« oder »Meilenstein« zu bezeichnen. Im keynesianischen Deutungsmuster dieser Zeit war ein ausgeglichenes Budget kein Wert an sich, sondern ein Mittel, um eine sich überhitzende Konjunktur zu dämpfen.

Diese neue Rolle des Haushalts als Instrument einer antizyklischen Konjunkturpolitik führte auch, zum einzigen Mal in der deutschen Geschichte, zu einer positiveren Haltung gegenüber dem Einsatz staatlicher Defizite. Als die Große Koalition unter der Federführung von Strauß und Karl Schiller mit einem milliardenschweren Konjunkturprogramm auf die Rezession des Jahres 1966/1967 reagierte, schien dies den Durchbruch einer keynesianisch inspirierten Haushaltspolitik zu signalisieren.

Kodifiziert wurde dieses neue Bild der staatlichen Finanzpolitik in der »Magna Charta der Konjunkturpolitik«, dem Stabilitätsgesetz von 1967. Dieses verpflichtete die Regierung auf vier Ziele, nämlich Preisstabilität, Vollbeschäftigung, Wirtschaftswachstum und ein außenwirtschaftliches Gleichgewicht. Ein ausgeglichener Etat gehörte dem »magischen Viereck« dagegen nicht an. Haushaltspolitik war ein Hilfsmittel zum Erreichen dieser Ziele und hatte »den Erfordernissen des gesamtwirtschaftlichen Gleichgewichts Rechnung zu tragen«.[6] Ein eigenständiges Ziel war sie nicht.

Folgerichtig reformierte die Große Koalition auch die Schuldenregel in Artikel 115 des Grundgesetzes (Abelshauser 2011, S. 372; vgl. auch Kirchhof 2012, S. 31). Bis dahin hatte diese Defiziten enge Grenzen gesetzt, sie »nur bei außerordentlichem Bedarf« und selbst dann »in der Regel nur für Ausgaben zu werbenden Zwecken« erlaubt. Die neue Formulierung lautete nun:

> Die Einnahmen aus Krediten dürfen die Summe der im Haushaltsplan veranschlagten Ausgaben für Investitionen nicht überschreiten; Ausnahmen sind nur zulässig zur Abwehr einer Störung des gesamtwirtschaftlichen Gleichgewichts.[7]

Damit wurden zwei grundlegende Änderungen vorgenommen: Zum einen rechtfertigten Investitionen, die vorher mit dem Begriff »werbende Zwecke« gefasst wurden, nun nicht mehr nur in Ausnahmesituationen eine Kreditaufnahme, sondern jederzeit. Das entsprach der sogenannten »Goldenen Regel« der Finanzpolitik. Investitionen wie der Bau einer Brücke, so die Überlegung, erzeugen einen Gegenwert, der erst im Lauf der folgenden Jahrzehnte realisiert wird. Deshalb sollte auch

6 15. Gesetz zur Änderung des Grundgesetzes vom 8. Juni 1967, BGBl. I, S. 581.
7 20. Gesetz zur Änderung des Grundgesetzes vom 2. Mai 1969, BGBl. I, S. 357.

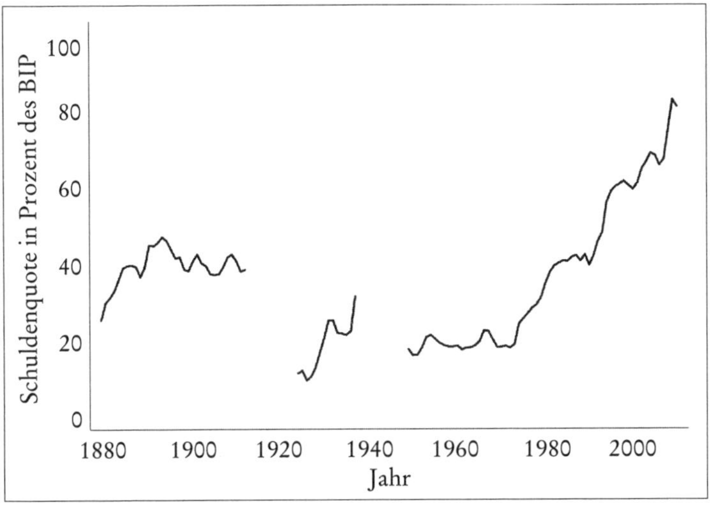

Quelle: Internationaler Währungsfonds 2010

Abb. 1: Entwicklung der deutschen Staatsverschuldung in Friedenszeiten seit 1880

die Finanzierung der Brücke mittels Kreditaufnahme über den Nutzungszeitraum verteilt werden, damit letztlich die Nutzer auch für ihre Kosten aufkommen.[8]

Daneben wurde mit der »Störung des gesamtwirtschaftlichen Gleichgewichts« eine zweite, dem Stabilitätsgesetz eng verbundene Rechtfertigung für Kreditaufnahme geschaffen, die in den folgenden Jahrzehnten eifrig Verwendung fand. Der Bund musste sich 1975 erstmals darauf berufen, als das hohe Defizit des Ölkrisenhaushalts die öffentlichen Investitionen überstieg (Hinrichs 2002). Seit der Wiedervereinigung explodierte der Einsatz dieser Rechtfertigung dann regelrecht:

8 Dieses Argument ist in der Finanzwissenschaft als Pay-as-you-use-Prinzip bekannt (vgl. Musgrave 1958).

Zwischen 1990 und 2005 konnten insgesamt acht Bundeshaushalte nur unter Verwendung dieser faktisch zum Gummiparagraphen herabgesunkenen Regel als verfassungskonform gelten (Wagschal 2007, S. 241).

Gleichwohl blieben die klassischen fiskalpolitischen Normen auch während der kurzen Blüte des Keynesianismus politisch einflussreich. So kritisierte der damals stramm keynesianische *Spiegel* 1972: »Die Hysterie, mit der Koalition und Opposition über den angeblichen Bankrott der Bundesfinanzen zetern, hindert sie daran, über fortschrittliche Methoden zur Finanzierung notwendiger Reformen nachzudenken.« (Der Spiegel 1972)

Die tief verankerte Skepsis gegenüber staatlichen Defiziten legte also auch die sozialliberale Bundesregierung nicht ab. Dennoch reagierte sie auf den Ölpreisschock des Jahres 1973 mit umfangreichen Maßnahmen zur Konjunkturstützung, die zu Defiziten in Milliardenhöhe führten. Auf dem Weltwirtschaftsgipfel 1978 akzeptierte Kanzler Schmidt zudem internationale Forderungen, Deutschland solle als »Konjunkturlokomotive« eine expansivere Fiskalpolitik betreiben. Innenpolitisch schwang das Pendel zu diesem Zeitpunkt allerdings längst wieder in Richtung der fiskalischen Orthodoxie zurück. Bereits in den letzten Jahren der sozialliberalen Koalition folgte dann Sparpaket auf Sparpaket, ohne jedoch den weiteren Anstieg der Verschuldung stoppen zu können.

Spätestens seit dem Regierungswechsel des Jahres 1982 wurde eine Sanierung des Bundeshaushalts dann zu einem regelmäßigen Fernziel aller Finanzminister – mit Ausnahme Oskar Lafontaines. In Anlehnung an die »Fusionskonstante«, der zufolge die Nutzung der Fusionsenergie stets nur noch vierzig Jahre entfernt ist, könnte man hier von einer »Budgetausgleichskonstante« sprechen: Immer wieder prognostizierten Finanzminister, am Ende der jeweils aktuellen Planungsperiode werde der Haushalt saniert sein. Helmut Kohls erster Finanzminister, Gerhard Stoltenberg, scheiterte dabei freilich an seinen gleichzeitig verfolgten Steuersenkungszielen, während die Kosten der deutschen Einheit seinem Nachfolger Theo Waigel jegliche Konsolidierungspläne verhagelten. Nach 1990 wuchs die Verschuldungsquote, die sich in den achtziger Jahren zumindest stabilisiert hatte, sprunghaft an.

Allerdings wurde die deutsche Einheit nur zum kleineren Teil über den Bundeshaushalt finanziert. Der größere Teil ihrer Kosten wurde den Sozialkassen aufgebürdet. Vor diesem Hintergrund gewann nicht nur die Diskussion der »expliziten«, also in Form von Krediten und Staatsanleihen verbrieften Verschuldung, an Fahrt. In den Fokus geriet zunehmend auch die »implizite« Verschuldung in Form ungedeckter Zahlungsversprechen, insbesondere an zukünftige Rentner und Pensionäre. Diese wurde als immer lauter tickende »Zeitbombe« wahrgenommen und stellte die explizite Staatsverschuldung volumenmäßig weit in den Schatten. Mit einer deutlichen Absenkung des Rentenniveaus, der Einführung der Riester-Rente, und der Erhöhung des Renteneintrittsalters auf 67 Jahre wurden seit den Neunzigern deshalb weitreichende, politisch allerdings auch hochumstrittene Maßnahmen ergriffen, um diese Form der Verschuldung abzubauen (Plickert 2010). Dabei dürfte allein die Erhöhung des Renteneintrittsalters mehr für die Zukunftsfähigkeit der Staatsfinanzen getan haben, als das zwei Jahrzehnte ausgeglichener Bundeshaushalte könnten.

Nicht nur eine Rückführung des Haushaltsdefizits, sondern explizit ein ausgeglichener Etat wurde dann mit Hans Eichel zum Mantra der Fiskalpolitik. Dank der Einnahmen aus der Versteigerung von UMTS-Lizenzen konnte Eichel im Jahr 2000 auch einen kleinen Teil der öffentlichen Verschuldung tilgen. Zudem kündigte er an, ein strukturell ausgeglichener Haushalt werde spätestens 2006 erreicht, ehe ihm das Platzen der New-Economy-Blase einen Strich durch die Budgetrechnung machte. Ganz ähnlich prognostizierte sein Nachfolger Peer Steinbrück dann einen ausgeglichenen Haushalt für 2011, der durch die Finanzkrise des Jahres 2008 Makulatur wurde.

Den vorläufigen Höhepunkt des politischen Kampfes gegen die Staatsverschuldung stellte schließlich 2009 die Einführung der sogenannten »Schuldenbremse« im Grundgesetz dar. Damit nahm die zweite große Koalition die vierzig Jahre zuvor erfolgte Änderung von Artikel 115 GG und die mit ihr verbundene Institutionalisierung einer aktiven Fiskalpolitik zurück. Insbesondere wurde die »Goldene Regel« für Investitionen wieder abgeschafft. Darüber hinaus bezieht sich die neue Defizitregel nicht mehr auf den tatsächlichen Haushaltssaldo, sondern auf das strukturelle, also um konjunkturelle Einflüsse bereinigte Defizit. Dieses darf nicht mehr als 0,35 Prozent des Bruttoinlandsprodukts betragen. Dadurch soll der Bundeshaushalt auch weiterhin antizyklisch wirken können, jedoch in wesentlich engeren Grenzen als bisher. Den Ländern ist ab 2020 sogar jegliche Schuldenaufnahme verboten.

Nach der Verabschiedung der Schuldenbremse äußerten Experten zunächst erhebliche Zweifel an ihrer Wirksamkeit (Hetschko/Quint/Thye 2012; Magin 2010). Tatsächlich hat sie sich bislang auch noch nicht in einer Rezession bewähren müssen. Seit 2010 entwickelten sich die deutschen Staatsfinanzen stattdessen sehr viel günstiger, als allgemein erwartet. Das verdeutlichen besonders die Zahlen für den Bund, auf den sich die Diskussion um die schwarze Null hauptsächlich bezieht. Dabei sollte man allerdings nicht vergessen, dass der Bund nur etwa ein Viertel der gesamten Staatstätigkeit repräsentiert.

Für die Verbesserung der Haushaltslage waren zunächst einmal wachsende Steuereinnahmen verantwortlich. Dank des stabilen Wirtschaftswachstums stiegen die Einnahmen im Kernhaushalt zwischen 2010 und 2015 von 259 auf 311 Milliarden Euro (vgl. Tabelle 1). Vor allem aber gelang es dem Bund, seine Ausgaben in absoluten Zahlen zu stabilisieren. Gab er 2010 noch 304 Milliarden Euro aus, ging diese Summe bis 2015 leicht auf 299 Milliarden zurück. Dabei waren zwei Faktoren besonders hilfreich: Zum einen entlastete der hohe Beschäftigungsstand die Sozialkassen, weshalb der Bundeszuschuss an die Sozialversicherungen, der größte Einzelposten im Bundeshaushalt, um insgesamt 13 Milliarden Euro sank. Zum anderen gingen die vom Staat zu zahlenden Zinssätze im Zuge der Eurokrise stark zurück. Musste der Bund im Jahr 2010 noch 34 Milliarden für Zinszahlungen aufwenden, fiel dieser Wert bis 2015 auf nur noch 21 Milliarden.

Aufschlussreicher als die absolute Höhe der Einnahmen und Ausgaben sind allerdings ihre jeweiligen Anteile am Bruttoinlandsprodukt. Denn viele Elemente des Staatshaushalts verändern sich quasi automatisch mit dem BIP. Wächst die Wirtschaft, dann wachsen auch die

Steuereinnahmen, ohne dass die Regierung dafür eine einzige Steuer erhöhen müsste. Gleichzeitig steigen aber beispielsweise die vom Staat zu zahlenden Gehälter mit jedem Tarifabschluss, ohne dass ein einziger zusätzlicher Beamter eingestellt worden wäre. Will man beurteilen, ob der Staat wächst oder schrumpft, ist die eigentlich aussagekräftige Größe deshalb der Anteil der Wirtschaftsleistung, auf den er zugreift.

Berücksichtigt man daher das Wachstum des nominalen Bruttoinlandsprodukts seit 2010, relativiert sich der Anstieg der Einnahmen deutlich. Als Anteil am BIP betrachtet, erhöhten sich diese nämlich nur um 0,3 Prozentpunkte. Gleichzeitig war die Stabilisierung der nominalen Ausgaben gleichbedeutend mit einem Rückgang um 1,9 Prozent des BIP.

Tab. 1: Die Entstehung der schwarzen Null 2010-2015

Jahr	Einnahmen, Milliarden Euro	Ausgaben, Milliarden Euro	Saldo, Milliarden Euro	Einnahmen, % des BIP	Ausgaben, % des BIP	Saldo, % des BIP
2010	259,3	303,6	−44,3	10,0%	11,8%	−1,7%
2011	278,5	296,2	−17,7	10,3%	11,0%	−0,7%
2012	284,0	306,7	−22,8	10,3%	11,1%	−0,8%
2013	285,5	307,8	−22,3	10,1%	10,9%	−0,8%
2014	295,1	295,5	−0,4	10,1%	10,1%	0,0%
2015	311,1	299,3	11,9	10,3%	9,9%	0,4%

Quelle: Bundesministerium der Finanzen 2014a, 2016b

Im dritten Kapitel werde ich noch einmal ausführlicher auf diese Zahlen zurückkommen. Für den Augenblick genügt es festzuhalten, dass die schwarze Null weniger einer harten Sparpolitik, sondern vor allem günstigen Rahmenbedingungen zu verdanken war. Diese erlaubten es dem Bund, seinen Anteil an der Gesamtwirtschaft deutlich zu senken, ohne dafür schmerzhafte Einschnitte durchsetzen zu müssen. Zugleich muss man aber anerkennen, dass die Bundesregierung die günstigen Rahmenbedingungen auch zu nutzen wusste. Daran waren viele ihrer Vorgänger gescheitert.

Während Deutschlands Staatsfinanzen sich seit 2010 sehr positiv entwickelten, gerieten viele von Deutschlands engsten Partnern in immer tiefere fiskalische Probleme. In den USA blieben zahlreiche staatliche Einrichtungen wegen des Streits über die Anhebung der gesetzlichen Schuldengrenze im Oktober 2013 für zwei Wochen geschlossen. Vor allem aber mussten mit Irland, Griechenland, Portugal und Zypern gleich vier Euroländer unter den von den Staaten der Eurozone aufgespannten Rettungsschirm flüchten, weil sie sich am Kapitalmarkt nicht mehr refinanzieren konnten. Noch bedrohlicher war, dass auch Spanien, Italien und zeitweilig sogar Frankreich in den Krisenstrudel gerissen zu werden drohten. Erst Mario Draghis Ankündigung, die Europäische Zentralbank werde tun, »was auch immer nötig sei«, um den Euro zu retten, sorgte für Beruhigung an den internationalen Finanzmärkten (Draghi 2012).

Die Geschichte der Eurokrise ist mittlerweile häufig erzählt und dabei sehr unterschiedlich interpretiert worden. Bezogen auf die schwarze Null liegt ihre Bedeutung vor allem darin, dass sie die Gefahren zu hoher Verschuldung vermeintlich besonders scharf illustrierte. In Deutschland wurde die Eurokrise daher vor allem als Staatsverschuldungskrise gedeutet. Zwar weisen alternative Lesarten darauf hin, dass Spanien und Irland bis 2008 sehr viel bessere Haushaltszahlen aufwiesen als Deutschland, und argumentieren, es handle sich vor allem um eine Zahlungsbilanzkrise (Hall 2014). Diese Positionen fanden jedoch ebenso wenig Gehör wie die linke Kritik, durch die Rettungspakete seien nicht Staaten, sondern Banken gerettet worden.

Weil die Eurokrise als Staatsverschuldungskrise interpretiert wurde, trug sie direkt zur Popularität ausgeglichener Haushalte bei. Die Warnung, Deutschland drohe ein Schicksal wie Griechenland oder Portugal, wenn es nicht an seinem Konsolidierungskurs festhalte, wurde zu einem Standardmotiv des politischen und medialen Diskurses. Zugleich speiste sich die Vorstellung, Deutschlands Haushalt habe eine Vorbildfunktion, direkt aus der Deutung der Eurokrise als Schuldenkrise.

Die Eurokrise bildet damit den vorläufigen Höhepunkt einer sich über Jahrzehnte hinweg aufbauenden Skepsis gegenüber staatlichen Defiziten. Die herrschende Lesart der deutschen Finanzgeschichte verbindet die faktischen Staatsbankrotte nach den Weltkriegen, die Kritik an den Konjunkturprogrammen der siebziger Jahre und die Zweifel an der Stabilität des Sozialstaats zu einer Erzählung über die Gefahren staatlicher Maßlosigkeit. Ein alternatives Narrativ, das die Kritik an Brünings Austeritätspolitik, die Ideen hinter dem Stabilitätsgesetz und die guten Gründe für den Schuldenanstieg im Zuge der deutschen Einheit in den Mittelpunkt stellen würde, konnte sich dagegen nie etablieren.

Zugleich zeigen die Haushaltszahlen aber eine deutliche Diskrepanz zwischen gesellschaftlichem Diskurs und politischem Handeln. Warnungen vor den Gefahren der Verschuldung und Bekenntnisse zu ausgeglichenen Staatsfinanzen stehen in einem bemerkenswerten Kontrast zum ununterbrochenen Anstieg der Staatsverschuldung. Denn die Sparmaßnahmen, die für einen wirklichen Kurswechsel nötig gewesen wären, konnte oder wollte kein Finanzminister durchsetzen.

Erst diese jahrzehntelange Unfähigkeit, die rhetorische Verschuldungskritik mit einer entsprechenden Politik zu verbinden, macht die heutige Begeisterung für ausgeglichene Haushalte verständlich. Sie hat aus einem fiskalpolitischen Steuerungsproblem in der öffentlichen Wahrnehmung eine scheinbar unlösbare Herkulesaufgabe werden lassen. Das wiederholte Scheitern seiner Vorgänger, von Stoltenberg bis Steinbrück, lässt Wolfgang Schäubles schwarze Null deshalb noch heller strahlen.

Die Verheißungen der schwarzen Null

Die Popularität der schwarzen Null hat also viel mit der Vergangenheit zu tun: Staatliche Überschüsse haben deshalb so viele Anhänger, weil sie einen Bruch mit einer als negativ empfundenen Verschuldungsgeschichte darstellen. Um zu einem vollständigen Bild zu gelangen, müssen wir aber auch einen Blick in die Zukunft – oder, um mit dem Soziologen Jens Beckert (Beckert 2013) zu sprechen: in die imaginierte Zukunft – werfen. Denn die große Zustimmung zur Politik der schwarzen Null hängt auch mit den Erwartungen an die positiven Folgen zusammen, die sie zeitigen soll. Ausgeglichene Haushalte seien nämlich weder »Fetisch« (Johannes Kahrs, SPD) noch »Selbstzweck« (Wolfgang Schäuble), sondern dienten einem höheren Zweck (Deutscher Bundestag 2014c).

Darüber, was dieser Zweck sein soll, bestehen allerdings sehr unterschiedliche Ansichten. Die Popularität der schwarzen Null liegt also auch an ihrer Wandlungsfähigkeit, die es verschiedenen politischen Lagern erlaubt, sie mit ganz unterschiedlichen Zuschreibungen aufzuladen. Dadurch ist es möglich, Haushaltsüberschüsse in zwei sehr unterschiedliche Visionen des Staates zu integrieren, die man als progressiv und als marktliberal bezeichnen kann.[9] Diese Visionen sind jedoch nicht an Parteigrenzen gebunden. So teilt die Union seit jeher wichtige Elemente der progressiven Vision, während die SPD des Schröder-Blair-Papiers eine spürbare Annäherung an marktliberale Vorstellungen betrieb.

Im Mittelpunkt der progressiven Vision steht ein starker Staat. Deshalb sieht sie ein Hauptproblem der Staatsverschuldung darin, dass diese den Staat langfristig schwächt, da sie auf Kosten öffentlicher Investitionen und anderer gestaltender Staatsausgaben geht. In dieser Lesart bedroht Staatsverschuldung nicht weniger als die »fiskalische Demokratie« (zu diesem Konzept vgl. Streeck/Mertens 2010), weil sie dazu beiträgt, dass die disponiblen Ausgaben, auf die das Parlament überhaupt Einfluss nehmen kann, immer kleiner werden. Stattdessen fließen immer größere Teile des Etats in obligatorische Ausgaben, die auf Beschlüssen früherer Regierungen beruhen und nicht mehr korrigiert werden können. Damit schrumpfen die Entscheidungsspielräume der Politik. Die möglichen Auswirkungen unterschiedlicher Wahlergebnisse werden also immer kleiner.

9 Man könnte die progressive Vision auch »sozialdemokratisch« nennen. Der Begriff »progressiv« hat jedoch den Vorteil, auch Parteien wie die kanadischen Liberalen und die amerikanischen Demokraten einzubeziehen, die sich selbst nicht als sozialdemokratisch bezeichnen, die Vision eines gestaltenden Staates jedoch weitgehend teilen.

Wachsende Staatsschulden beschleunigen den Verlust fiskalischer Demokratie aus zwei Gründen. Zum einen verschlingen sie immer höhere Zinskosten, die den verfügbaren Spielraum im Haushalt reduzieren. So musste der Bund in den ersten Jahren des neuen Jahrtausends bis zu 16 Cent von jedem eingenommenen Steuer-Euro für Zinsen aufwenden. Zum anderen wird ein Land, je höher es verschuldet ist, desto abhängiger vom Urteil der internationalen Finanzmärkte. In Extremfällen können Investoren oder Ratingagenturen sogar die Regierungen hoch verschuldeter Staaten stürzen. In den vielfach kritisierten Worten Angela Merkels muss die »parlamentarische Mitbestimmung« dann so gestaltet werden, »dass sie trotzdem auch marktkonform ist« (Bundesregierung 2011). Anders ausgedrückt: Regierungen und Parlamente müssen sich darauf beschränken, von den Märkten definierte Alternativlosigkeiten zu administrieren. Damit entsteht zunehmend der Eindruck, es mache »eh keinen Unterschied«, welche der etablierten Parteien man wählt, was zu sinkender Wahlbeteiligung und wachsendem Zulauf für Populisten beiträgt.

In der progressiven Vision versprechen Überschüsse einen Ausweg aus dieser Situation, indem sie die Handlungsfähigkeit des Staates stärken. Dieses Argument basiert auf einem einfachen Umkehrschluss: Da steigende Verschuldung zu sinkender Handlungsfähigkeit führt, muss sinkende Verschuldung einen Wiederanstieg der Handlungsfähigkeit ermöglichen. Wer wieder zwischen politischen Alternativen entscheiden will, muss deshalb zunächst fiskalische Manövriermasse zurückgewinnen.

Dieses Argument wird vor allem von der SPD immer wieder bemüht. Sie begründete damit bereits ihre Zustimmung zur Schuldenbremse, und die These taucht auch in der Debatte über Haushaltsüberschüsse regelmäßig auf. Peer Steinbrücks 2009 vorgetragene Rechtfertigung der Schuldenbremse – »Ein handlungsfähiger Staat braucht langfristig tragfähige öffentliche Finanzen« (Deutscher Bundestag 2009) – ist praktisch identisch mit Thomas Oppermanns Begründung der schwarzen Null: »Nur ein Staat, der finanziellen Spielraum hat, kann investieren, kann gestalten und kann für sozialen Ausgleich sorgen.« (Deutscher Bundestag 2014b)

Überschüsse werden aber nicht nur von Sozialdemokraten mit wiedergewonnener staatlicher Handlungsfähigkeit gleichgesetzt. Bei Angela Merkel erscheint der Überschuss geradezu als Allheilmittel für alle Mängel der Staatstätigkeit. Gleich vier politische Schlüsselaufgaben ließen sich dank eines ausgeglichenen Haushalts erfüllen, erklärte die Kanzlerin im September 2014 vor dem Bundestag:

> [S]olides Haushalten ist kein Selbstzweck, sondern es ist die Voraussetzung für politische Handlungsmöglichkeiten in der Zukunft. […] Erstens für eine aktive Begleitung des digitalen Wandels. […] [Z]weitens – für die Möglichkeit, die Spitzenstellung unserer Forschungs- und Wissenschaftslandschaft zu erhalten. […] [S]olides Haushalten ist – drittens – Voraussetzung für die Erneuerung unserer Infrastruktur. […] [E]in Ende des staatlichen Schuldenmachens ist – viertens – Voraussetzung für die Bewältigung des demografischen Wandels und den Erhalt der sozialen Sicherheit, den die Menschen von uns im Rahmen der sozialen Marktwirtschaft erwarten. (Deutscher Bundestag 2014b)

In der progressiven Vision stärken Überschüsse also den Staat und erlauben es, fiskalische Demokratie zurückzugewinnen. Vertreter einer marktliberalen Haltung nehmen dagegen die genau entgegengesetzte Position ein:

Für sie enthält eine strikte Haushaltspolitik das Versprechen, ein Ausufern des Staates zu verhindern.

In dieser Perspektive ermöglichen Defizite der Politik vor allem, sich vor unangenehmen, aber notwendigen Entscheidungen zu drücken. Intellektueller Stammvater dieser These ist David Hume, der ja gewarnt hatte, Schulden erlaubten einem Politiker, »den großen Mann zu spielen, ohne das Volk mit Steuern zu überladen« (zitiert nach Hank 2012, S. 283). Staatliche Kredite finanzieren demnach Wahlgeschenke, die langfristig keinen Nutzen bringen, aber früher oder später bezahlt werden müssen. Die Schulden von heute sind dann nichts anderes als die Steuern von morgen.

Für Vertreter der marktliberalen Vision hängt der Anstieg der Staatsverschuldung eng mit dem Ausbau des Sozialstaats zusammen. Idealtypisch vertritt diese Haltung Rainer Hank in seiner bereits zitierten Polemik: Hank sieht in den »Teufelsmühlen des Wohlfahrtsstaates und der stetig wachsenden Staatstätigkeit« (ebd., S. 371) die Ursache der steigenden Staatsverschuldung: »Weil der Sozialstaat immer nur wachsen kann, ist sein Kredithunger unersättlich.« (Ebd., S. 347)

Wenn Hank die »Pleite-Republik« attackiert, ist sein Hauptfeind also nicht die Staatsverschuldung, sondern der Wohlfahrtsstaat. Für die wachsende Staatsverschuldung sieht er deshalb nur eine Lösung: einen drastischen Rückbau der Staatstätigkeit. Defiziten mit höheren Einnahmen zu begegnen lehnt er rundheraus ab und bezeichnet »›Sparen‹ durch mehr Steuereinnahmen« sogar als »semantische Frechheit« (ebd., S. 382). Stattdessen kalkuliert er, die deutsche Staatsquote ließe sich von heute etwa 45 Prozent auf 30 bis 35 Prozent des Bruttoinlandsprodukts zurückführen. Mit anderen Worten: Es gebe »ein echtes Sparpotenzial von rund 400 Milliarden Euro« (ebd., S. 384).

Die Bekämpfung der Verschuldung ist für Hank letztlich nur ein willkommener Anlass, ein Programm des radikalen Staatsumbaus zu rechtfertigen. Er denkt hier ganz ähnlich wie einst Ronald Reagan, der Defizite unter dem Motto »Starving the Beast« als politischen Hebel einsetzen wollte, um Mehrheiten für Kürzungen am Wohlfahrtsstaat zu gewinnen (Bartlett 2007). Indem der Staat sich zu einer strikten Haushaltsführung verpflichtet, soll ein permanenter Spardruck auf die Ausgabenseite des Budgets erzeugt werden. Damit werden Bemühungen um einen Erhalt oder gar einen punktuellen Ausbau des Wohlfahrtsstaats dauerhaft die Mittel entzogen. Dies gelingt allerdings nur, wenn sichergestellt wird, dass freie Haushaltsmittel vor allem einer Entlastung der Steuerzahler zugutekommen: »Die Leitschnur müsste dabei lauten: Ausgabenkürzungen müssen mit Steuersenkungen verbunden sein. Der Staat hält sich zurück; der Bürger behält mehr von seinem Geld.« (Hank 2012, S. 388)

In Form sinkender Steuersätze erzeugt der Überschuss dann einen direkten Mehrwert für die Steuerzahler. Zugleich nimmt man ihn aus den Händen der Politik, ehe diese ihn für zweifelhafte Prestigeprojekte oder Wahlgeschenke ausgeben kann. Unterstützung findet diese Position beim Bund der Steuerzahler, der erklärte, der geschichtsträchtige ausgeglichene Haushalt sei den Steuerzahlern zu verdanken: »Deshalb sollte jetzt eine weitere historische Tat folgen [...]. Die Regierung muss endlich für Entlastung sorgen und den Abbau der ungerechten kalten Progression vorantreiben.« (Bund der Steuerzahler 2015)

Obwohl sich die progressive und die marktliberale Vorstellung von den Wirkungen ausgeglichener Haushalte fundamental unterscheiden, teilen sie zwei Gemeinsamkeiten: Erstens gehen beide Visionen von wieder zunehmenden Unterschieden zwischen den politischen Parteien aus. Zwar könne sich nur eine der beiden Visionen durchsetzen, aber immerhin liege es in der Hand der Wähler zu entscheiden, welche das sei. Die Zeiten, in denen leere Kassen allen Parteien dieselbe alternativlose Politik diktiert hätten, seien vorbei. Und zweitens stellen beide Visionen die Verwendung der Überschüsse in den Mittelpunkt. Progressive wollen sie für staatliche Investitionen nutzen, Marktliberale für Steuersenkungen.

Die dritte Verheißung der schwarzen Null ist von der Verwendung der Überschüsse dagegen weitgehend unabhängig. Sie liegt in dem Versprechen, ausgeglichene Haushalte sorgten für wirtschaftliche Prosperität. Gesunde Staatsfinanzen sind demnach nicht die Folge, sondern vielmehr die Voraussetzung einer positiven wirtschaftlichen Entwicklung. Diese Position ist insbesondere zum Mantra Wolfgang Schäubles geworden, der sie nicht nur in der innenpolitischen Debatte, sondern auch im Streit um die Eurokrise immer wieder ins Feld führt. »Unsere erfolgreiche Finanz- und Haushaltspolitik«, so Schäuble mit Bezug auf die schwarze Null, »hat im Übrigen maßgeblich dazu beigetragen, dass es uns wirtschaftlich gut geht« (Deutscher Bundestag 2015a).

Hinter dieser These steht die Annahme, die wirtschaftlichen Folgen von Defiziten würden sich im Überschuss umkehren. Da öffentliche Schulden nach Ansicht vieler Ökonomen das Wirtschaftswachstum beeinträchtigen, müssten Überschüsse die Wachstumskräfte stärken. Konkret argumentieren Wirtschaftswissenschaftler traditionell, staatliche Kreditaufnahme verdränge private Investitionen, weil sie es Unternehmen erschwere, sich über Banken oder den Kapitalmarkt zu finanzieren (sogenanntes *crowding out*). Zudem verunsichere sie die ökonomischen Akteure. Diese rechneten nun mit steigenden Zinsen und Steuererhöhungen und hielten sich deshalb mit Investitionen zurück (Blanchard 1984). Vertreter einer sogenannten »expansionären Austerität«, allen voran der italienische Harvard-Ökonom Alberto Alesina, leiten daraus ab, dass Konsolidierungsmaßnahmen sogar positive Wachstumseffekte haben können, weil sie das Investorenvertrauen erhöhen. Und dafür seien harte Sparprogramme besser geeignet als ausgewogene Maßnahmen, die auch Steuererhöhungen enthalten (Alesina/Ardagna 2009).

Die empirische Evidenz für den Zusammenhang zwischen Staatsverschuldung und Wirtschaftswachstum ist allerdings umstritten. Die wohl einflussreichste Formulierung dieses Resultats, eine Studie von Alesinas Kollegen Carmen Reinhart und Kenneth Rogoff (Reinhart/Rogoff 2010), ist zuletzt heftig in die Kritik geraten. Noch 2011 hatte Wolfgang Schäuble den Erfolg seiner Fiskalpolitik als »praktischen Beweis« für deren Thesen gepriesen (Deutscher Bundestag 2011). Wenig später mussten die Autoren jedoch eingestehen, dass ihnen bei der empirischen Analyse ein Berechnungsfehler unterlaufen war (Herndon/Ash/Pollin 2013). Auch Alesinas Studien über die wachstumsfördernden Effekte von Sparprogrammen sind inzwischen vielfach in Zweifel gezogen worden, insbesondere von der Forschungsabteilung des Internationalen Währungsfonds (Guajardo/Leigh/Pescatori 2011). Nicht zuletzt die desaströsen Wachstumseffekte der europäischen Austeritätspolitik in der Eurokrise haben erhebliche Skepsis gegenüber seinen Thesen geweckt.

Ungeachtet dieser wissenschaftlichen Kritik geht Schäubles Position davon aus, dass Defizite das Wachstum reduzieren und Überschüsse es entsprechend erhöhen werden. Statt zu *crowding out* komme es nun zu *crowding in*. Ausgeglichene Haushalte sollen zu sinkenden Zinsen führen und ein stabiles makroökonomisches Umfeld garantieren, das für Vertrauen bei Investoren und Konsumenten sorgt. Es entsteht demnach eine Positivschleife: Überschüsse stärken die Wirtschaft, was zu wachsenden Steuereinnahmen führt und es damit leichter macht, auch in Zukunft Schulden abzubauen.

Es ist allerdings zweifelhaft, wie relevant diese Argumente für Deutschland in der momentanen Situation überhaupt sind. Angesichts der herrschenden Nullzinsen ist schwer vorstellbar, staatliche Defizite könnten private Kreditnachfrage verdrängen. Tatsächlich herrscht auf den Kreditmärkten kein Nachfrageüberschuss, sondern ein Nachfragemangel. Dass der Staat aktuell so niedrige Zinsen zahlen muss, ist jedenfalls nicht der schwarzen Null, sondern der Geldpolitik der Europäischen Zentralbank zu verdanken.

Ohnehin liefert das Prosperitätsargument keinen Grund für die Fixierung auf die Zahl null. Selbst wenn hohe Defizite tatsächlich das Wachstum beeinträchtigen und ausgeglichene Haushalte dem Wachstum nützen, ist der Begriff »ausgeglichen« dabei sehr breit zu verstehen. Defizite von drei oder vier Prozent des BIP mögen die Zinssätze spürbar bewegen, Defizite von drei oder vier Milliarden tun das sicher nicht.

Das Prosperitätsargument bietet, selbst wenn es für Deutschland zutreffen sollte, also keine Begründung für den Fokus auf die Null im Bundeshaushalt. Die symbolische Überhöhung dieser Zahl ist politisch, nicht ökonomisch begründet. Deshalb wird dieses Buch sich vor allem darauf konzentrieren, die politische Heilserzählung zu untersuchen und das Versprechen, die schwarze Null erlaube eine bessere Politik, in den Mittelpunkt der folgenden Analysen stellen.

Was genau diese bessere Politik ausmachen soll, darüber bestehen allerdings sehr unterschiedliche Vorstellungen. Und wie der Konflikt zwischen progressiven und marktliberalen Hoffnungen zeigt, sind diese Vorstellungen bestenfalls zum Teil kompatibel. Denn jeder Euro, der für staatliche Investitionen verwendet wird, kann nicht mehr für Steuersenkungen eingesetzt werden. Versucht man aber, beiden Wünschen gerecht zu werden, rutscht der Haushalt wieder in die roten Zahlen, was dem Prosperitätsziel widerspricht.

Enttäuschungen sind vorprogrammiert

Der Ausgangspunkt der bisherigen Argumentation war, dass in der deutschen Öffentlichkeit bislang kein sachlicher Diskurs über die Vor- und Nachteile ausgeglichener Haushalte stattfindet. Stattdessen wird die schwarze Null zum Inbegriff solider, gerechter und verantwortungsbewusster Fiskalpolitik verklärt. Entsprechend inszeniert die Bundesregierung ihren ausgeglichenen Etat als historischen Triumph, wovon vor allem die Union profitiert. Diese Begeisterung für die schwarze Null hat jedoch weniger ökonomische als vielmehr politisch-psychologische Gründe. Zwar sind strukturell ausgeglichene Haushalte strukturellen Defiziten sicherlich vorzuziehen, aber die Zahl Null hat dabei keine besondere Relevanz. Die schwarze Null ist insofern nicht in erster Linie eine fiskalische Kennziffer, sondern vor allem ein mächtiges politisches Symbol.

Die große Begeisterung für dieses Symbol speist sich aus einem gesellschaftlich tief verankerten Misstrauen gegenüber staatlicher Verschuldung. Da Defiziten eine Vielzahl negativer ökonomischer, politischer, und sogar moralischer Konsequenzen zugeschrieben wird, scheinen ausgeglichene Haushalte die umgekehrten positiven Effekte – Wachstum, Demokratie, Generationengerechtigkeit – zu repräsentieren. Die tiefe Skepsis gegenüber staatlichen Defiziten lässt sich wiederum nur vor dem Hintergrund der deutschen Fiskalpolitik im letzten Jahrhundert verstehen. Erst die Erfahrung zweier Staatsbankrotte und vor allem die vier Jahrzehnte ununterbrochener Defizite seit 1970 haben der heutigen Überschusseuphorie den Boden bereitet. Gleichzeitig haben sie aber auch gänzlich ungeeignete Maßstäbe entstehen lassen: Die Erwartungen an die schwarze Null sind auch deshalb so groß, weil man so lange keine ausgeglichenen Haushalte mehr erlebt hat.

Diese fehlende Grundlage für eine realistische Erwartungsbildung führt auch dazu, dass ausgeglichene Haushalte von unterschiedlichen Seiten ganz verschieden gedeutet werden. Während progressive Kräfte sie als Quelle wachsender Staatstätigkeit interpretieren, sehen marktliberale Kräfte sie als Chance, genau dieses Wachstum zu verhindern. Weil diese Erwartungen einander diametral widersprechen, wird eine der beiden enttäuscht werden müssen. Ausgeglichene Haushalte ändern nämlich nichts an den grundlegenden Zielkonflikten, denen demokratische Fiskalpolitik immer ausgesetzt ist. Das sollte niemanden überraschen, droht angesichts der Begeisterung über die schwarze Null aber in Vergessenheit zu geraten. Trotz ihrer großen Popularität ist sie weit davon entfernt, ein Allheilmittel für alle fiskalischen Probleme zu sein. Im Gegenteil: Gerade weil ihre Verheißungen so groß sind, droht die Ernüchterung später umso größer auszufallen.

2. Zwei Lehren aus Ländern mit Überschüssen

Der erste Teil des Buches hat gezeigt, wie groß die Hoffnungen sind, die mit Deutschlands schwarzer Null verbunden werden. Der zweite und der dritte Teil stellen nun die Frage, ob diese Hoffnungen auch realistisch sind. Können Deutschlands Überschüsse dauerhaft bewahrt werden? Haben progressive oder marktliberale Visionen eines Überschusses bessere Aussichten, sich durchzusetzen? Vor allem aber: Ist es gerechtfertigt, den ausgeglichenen Bundeshaushalt als »historische Zeitenwende« zu begreifen?

Antworten auf diese Fragen sind nicht ganz einfach zu finden. Da die Bundesrepublik seit mehr als vier Jahrzehnten keine Überschüsse mehr erzielt hat, fehlen nämlich schlicht die Erfahrungswerte, aus denen sich solche Antworten ableiten ließen. Der Blick in die deutsche Geschichte lehrt viel über den Umgang mit Defiziten, aber fast nichts über den Umgang mit Überschüssen. Politische Absichtserklärungen dazu, was mit den Überschüssen geschehen soll, gibt es dagegen zuhauf. Diese könnten sich jedoch leicht als bloße Rhetorik erweisen. Sie sind deshalb ebenfalls kaum als Fundament für eine aussagekräftige Prognose geeignet.

Vor diesem Hintergrund ist es sinnvoll, die Perspektive zu wechseln und den Blick zunächst von Deutschlands schwarzer Null zu lösen. Antworten auf die gestellten Fragen lassen sich nämlich sehr viel besser finden, indem man die Erfahrungen anderer Länder mit Überschüssen betrachtet. Diese bilden die beste verfügbare Grundlage für Prognosen über die weitere Entwicklung der schwarzen Null. Deshalb fasst dieses Kapitel die Ergebnisse einer vergleichenden Untersuchung von Haushaltsüberschüssen in entwickelten Demokratien zusammen (Haffert 2015).

Die Zahl der Länder, die bereits Erfahrungen mit Haushaltsüberschüssen gesammelt haben, ist dabei überraschend groß. Auf den folgenden Seiten stelle ich diese Vergleichsfälle genauer vor. Ich frage zunächst, auf welche Weise diese Länder ihre Haushalte ausgeglichen haben und wovon es abhing, ob sie dauerhaft schwarze Zahlen schreiben konnten. Dabei werden wir sehen, dass mit den Überschüssen ganz ähnliche Hoffnungen verbunden wurden wie aktuell in Deutschland. Deshalb lohnt es sich besonders, anschließend zu untersuchen, wie diese Länder ihre Überschüsse verwendet haben.

Die Ergebnisse dieser vergleichenden Analyse halten zwei wichtige Botschaften für den deutschen Fall bereit. Zunächst einmal konnte überhaupt nur eine Minderheit der Länder ihre Überschüsse auch dauerhaft bewahren. In der Mehrheit der Fälle blieben Überschüsse nur eine Episode und wurden bereits nach wenigen Jahren wieder durch Defizite abgelöst. Ein ausgeglichener Haushalt stellt also allenfalls einen Zwischenschritt auf dem Weg zu einer dauerhaften Sanierung der Staatsfinanzen dar.

Noch wichtiger sind aber die Ergebnisse zur Verwendung der Überschüsse. Wie die Analyse zeigt, konnten sich marktliberale Vorstellungen dabei klar durchsetzen: Anstatt, wie von der progressiven Überschussvision erhofft, mehr zu investieren, senkten die Überschussländer vor allem ihre Steuern. Die Hoffnung auf eine Rückkehr staatlicher Handlungsfähigkeit erfüllte sich somit nicht. Stattdessen blieben die Länder in einer dauerhaften Austeritätsspirale gefangen.

Das dritte Kapitel des Buches verwendet diese Ergebnisse dann, um einige vorsichtige Prognosen über die Zukunftsaussichten der deutschen schwarzen Null abzuleiten. Bestätigen sich die Erfahrungen anderer Länder, besteht dabei wenig Anlass zur Euphorie. Das gilt für die Chancen auf eine dauerhafte Bewahrung ausgeglichener Haushalte, vor allem aber für die Chancen einer Verwirklichung der progressiven Überschussvision. Wer eine Stärkung des deutschen Investitionsstaates anstrebt, sollte seine Hoffnungen eher nicht auf die schwarze Null setzen.

Wo Überschüsse nichts Ungewöhnliches sind

Die mediale und politische Allgegenwart staatlicher Schuldenkrisen und der Umstand, dass selbst der vermeintliche fiskalische Musterschüler Deutschland 45 Jahre lang keinen ausgeglichenen Bundeshaushalt erzielen konnte, verführen zu der Annahme, staatliche Überschüsse seien generell ein äußert seltenes Phänomen. Diese Annahme ist jedoch falsch. Tatsächlich sind Deutschlands viereinhalb Jahrzehnte ohne ausgeglichenen Bundeshaushalt im internationalen Vergleich sogar die Ausnahme. Unter den langjährigen Mitgliedern der Organisation für ökonomische Zusammenarbeit und Entwicklung (OECD) weisen nur fünf andere Länder, nämlich Frankreich, Italien, Griechenland, Portugal und Österreich, eine ähnlich lange Strecke ununterbrochener Defizite auf (vgl. Tab. 2.1). Dagegen erzielten so unterschiedliche Staaten wie die USA, Schweden, Neuseeland oder die Niederlande auch in den vier Jahrzehnten seit dem Ende des Wirtschaftswunders mehrjährige Haushaltsüberschüsse. Einige von ihnen bewahrten diese Überschüsse sogar für mehr als eine Dekade. Selbst wenn man das ölreiche Norwegen und den Finanzplatz Luxemburg aus dem Vergleich herausnimmt, schrieben die entwickelten Demokratien durchschnittlich in etwa jedem fünften Jahr schwarze Zahlen. Ausgeglichene Haushalte waren also auch in einer Zeit, in der Staatsverschuldung weltweit als dominierendes Problem wahrgenommen wurde, bei Weitem nicht so ungewöhnlich, wie allgemein unterstellt. Offenbar geben repräsentative Demokratien keineswegs zwingend immer mehr Geld aus, als sie einnehmen.

Tab. 2.1: Überschüsse in entwickelten Demokratien 1980-2014

Land	Anzahl Überschüsse	Jahre mit Überschüssen
Australien	11	1989, 1997-2000, 2002-2007
Belgien	4	2001-2002, 2006-2007
Dänemark	12	1986-1988, 1999-2001, 2004-2008, 2014
Deutschland	3	2000, 2007, 2014
Finnland	22	1980-1990, 1998-2008
Frankreich	0	/
Griechenland	0	/
Großbritannien	3	1999-2001
Irland	10	1997-2001, 2003-2007
Island	9	1980-1982, 1984, 1999-2000, 2005-2007
Italien	0	/
Japan	5	1988-1992
Kanada	11	1997-2007
Luxemburg	21	1990-1991, 1993-2003, 2005-2008, 2011-2014

Land	Anzahl Überschüsse	Jahre mit Überschüssen
Neuseeland	15	1994-1997, 2000-2008, 2013-2014
Niederlande	5	1999-2000, 2006-2008
Norwegen	33	1980-1991, 1994-2014
Österreich	0	/
Portugal	0	/
Schweden	13	1987-1990, 1998-2001, 2004-2008
Schweiz	8	2006-2012, 2015
Spanien	3	2005-2007
USA	3	1998-2000
Summe	191	

Quelle: OECD 2015

Die vergleichende Analyse staatlicher Überschüsse kann sich also auf eine überraschend reichhaltige empirische Grundlage stützen. Bevor die Ergebnisse dieser Analyse vorgestellt werden, sind allerdings einige methodische Vorbemerkungen angebracht. Bislang hat sich die Darstellung der schwarzen Null auf den Bundeshaushalt konzentriert, der jedoch nur ein Viertel der gesamten deutschen Staatstätigkeit repräsentiert. Fast drei Viertel der deutschen Staatsausgaben werden von den Ländern, den Gemeinden und den Sozialversicherungen getätigt. In anderen, nichtföderalen Staaten ist der Anteil der Zentralregierung dagegen deutlich größer. Das macht einen Vergleich der obersten Regierungsebenen schwierig, weil diese sehr unterschiedliche Aufgaben erfüllen. Sinnvoller ist es daher, aggregierte Zahlen für alle staatlichen Ebenen zu verwenden. In dieser gesamtstaatlichen Perspektive erzielte Deutschland, trotz Defiziten im regulären Bundeshaushalt, bereits in den Jahren 2000 und

2007 Überschüsse. Im Jahr 2000 waren dafür die Erlöse aus der Versteigerung von UMTS-Lizenzen verantwortlich, während der Überschuss des Jahres 2007 vor allem auf die Sozialversicherungen zurückgeht.

Einmaleffekte wie die UMTS-Erlöse bergen die Gefahr, die Ergebnisse einer empirischen Analyse zu verzerren. Deshalb berücksichtigt die folgende Darstellung nur Fälle, in denen ein Überschuss für mindestens zwei Jahre bestand und in Summe mindestens ein Prozent des Bruttoinlandsprodukts ausmachte. Zudem bleiben einige Sonderfälle aufgrund ihrer fehlenden Vergleichbarkeit außen vor.[1] Dasselbe gilt für Überschüsse, die erst in den Jahren seit 2013 entstanden – über diese lassen sich nämlich noch keine abschließenden Aussagen treffen.

Gegenstand der Analyse sind darüber hinaus nie einzelne Überschussjahre, sondern stets ganze Überschussperioden, also Jahre aufeinanderfolgender Überschüsse, die allenfalls von einem oder höchstens zwei Jahren mit Defiziten unterbrochen werden.[2] Auf diese Weise ergeben sich insgesamt 17 Überschussperioden in 13 Ländern – mit jeweils zwei Perioden in Dänemark, Island, den Niederlanden und Schweden (vgl. Tab. 2.2).[3] Sie sind die Datenbasis für alle folgenden Analysen.

---

1 Das betrifft Norwegen und Luxemburg, die noch keynesianischen Überschüsse Islands und Finnlands in den achtziger Jahren und Irlands Immobilienblase zu Beginn dieses Jahrtausends; vgl. für eine genauere Diskussion dieser Fälle Haffert 2015, S. 107-108.

2 Zur Definition von Überschussperioden vgl. ebenfalls Haffert a. a. O.

3 Statt nominaler Daten konjunkturbereinigte Daten zu verwenden, würde zu einer fast identischen Auswahl führen.

Ausgeglichene Haushalte sind im internationalen Vergleich also keineswegs derart ungewöhnlich, wie in Deutschland häufig unterstellt wird. Für den Versuch, etwas über die Zukunftsaussichten der deutschen Überschüsse zu lernen, ist das eine ausgesprochen gute Nachricht. Denn die große Zahl von Fällen ermöglicht es, verschiedene Typen von Überschüssen genauer zu unterscheiden und mögliche Parallelen mit Deutschlands schwarzer Null herauszuarbeiten.

Konzeptionell lassen sich zwei Arten von Überschüssen gegeneinander abgrenzen, nämlich »Überschussregime« und »Überschussepisoden«. Bei Überschussregimen handelt es sich um Fälle, in denen ein Überschuss mit einer tief greifenden Veränderung der Ausrichtung der Fiskalpolitik einhergeht. Das betrifft nicht nur ihre Ergebnisse (also den Haushaltssaldo), sondern auch ihre Bestimmungsfaktoren, das heißt die Verfahren der Budgetaufstellung, den relativen Einfluss verschiedener politischer Interessen und das Rollenverständnis der Fiskalpolitik insgesamt. Dagegen bleiben ausgeglichene Haushalte in Überschussepisoden ein kurzfristiges Phänomen ohne dauerhafte Auswirkungen. Die Fiskalpolitik nach dem Überschuss hat hier nicht nur dieselben Ergebnisse wie vor dem Überschuss, sie wird auch von denselben Einflussgrößen bestimmt.

Verschiedene Überschussregime unterscheiden sich, genau wie verschiedene Überschussepisoden, natürlich in vielen empirischen Details. Deutlich wichtiger als landesspezifische Besonderheiten sind für den Vergleich mit Deutschland aber die strukturellen Gemeinsamkeiten, die einen Überschusstyp ausmachen. Ein produktiver Vergleich sollte sich deshalb auf die Gemeinsamkeiten innerhalb der beiden Gruppen und die Unterschiede zwischen ihnen konzentrieren.

Diese Gemeinsamkeiten und Unterschiede betreffen die Ausgangsbedingungen, die Triebkräfte und die Ergebnisse der Fiskalpolitik. Letztlich finden sie ihren wichtigsten Ausdruck jedoch in einer einzelnen Zahl, nämlich in der Länge des Zeitraums, für den ein Land sein Haushaltsplus bewahren konnte. In den Fällen mit Überschussregimen war dies für mindestens zehn Jahre der Fall. In den Ländern, in denen ausgeglichene Haushalte eine Episode blieben, wurden sie dagegen bereits nach zwei oder drei Jahren wieder durch Defizite abgelöst.

Tab. 2.2: Überschussregime und Überschussepisoden 1980-2014

Überschussregime		**Überschussepisoden**	
Land	*Dauer*	*Land*	*Dauer*
Australien	1998-2007	Dänemark	1986-1988
Dänemark	1999-2008	Großbritannien	1999-2001
Finnland	1998-2008	Island	1999-2000
Kanada	1997-2007	Island	2004-2007
Neuseeland	1994-2008	Japan	1988-1992
Schweden	1998-2008	Niederlande	1999-2000
Schweiz	2006-2015	Niederlande	2006-2008
		Schweden	1987-1990
		Spanien	2005-2007
		USA	1998-2000

Quelle: OECD 2015

Insgesamt lassen sich 7 der 17 Fälle als Überschussregime und 10 als Überschussepisoden klassifizieren (vgl. Tab. 2.2). Dabei entwickelten sich sechs der sieben Überschussregime in der zweiten Hälfte der neunziger

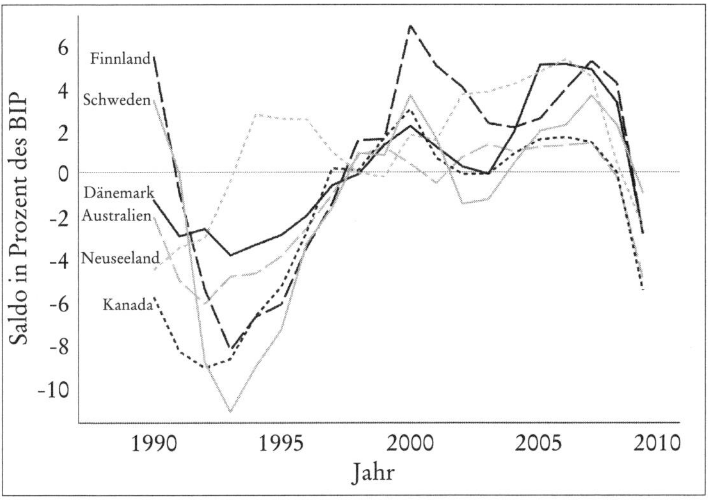

Quelle: OECD 2012

Abb. 2.1: Entwicklung des Haushaltssaldos in sechs Ländern

Jahre in zwei Gruppen von Ländern, nämlich in Skandinavien (Dänemark, Finnland und Schweden) und in den kleineren angelsächsischen Staaten (Australien, Neuseeland und Kanada). Diese Überschüsse dauerten über alle Konjunkturschwankungen hinweg bis zum Ausbruch der Weltfinanzkrise im Jahr 2008 an (vgl. Abb. 2.1 und 2.2). Die Schweiz hingegen begann erst 2006, Überschüsse zu erzielen, bewahrte diese dann jedoch sogar durch die Weltfinanzkrise hindurch. Dagegen waren die Überschussepisoden ein Ausdruck der Höhepunkte des weltweiten Konjunkturzyklus in den späten achtziger Jahren, den späten Neunzigern und den Jahren um 2006.

Die folgenden Analysen legen das Hauptaugenmerk auf die sieben Überschussregime. Denn wenn Deutsch-

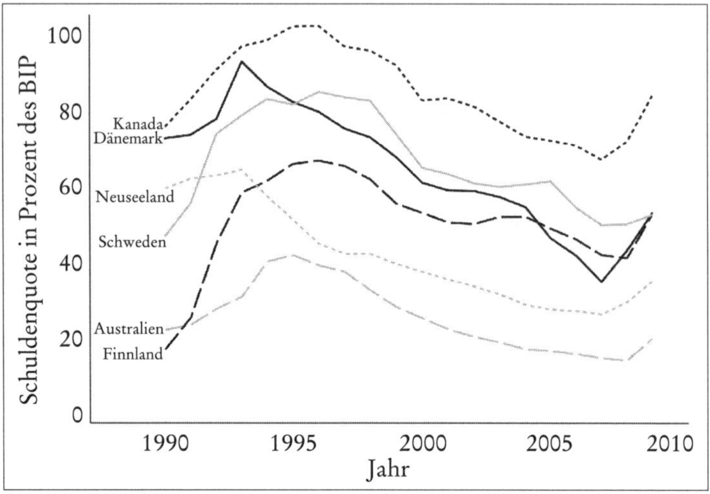

Quelle: OECD 2012

Abb. 2.2: Entwicklung der Bruttoverschuldung in sechs Ländern

lands schwarze Null tatsächlich einmal als Zeitenwende gelten soll, darf sie keine Episode bleiben, sondern muss zu einem Dauerzustand werden. Als Vergleichsfälle für Deutschlands schwarze Null sind die Länder mit Überschussregimen also besonders interessant. Wie bei Deutschland handelt es sich zudem bei allen sieben Ländern um sehr offene Volkswirtschaften (auch weil sie sehr klein sind). Ähnlich wie der langjährige Exportweltmeister sind sie dem internationalen Wettbewerb besonders stark ausgesetzt.

Wie schon angedeutet, ist die wichtigste Eigenschaft dieser Länder – und ihr wichtigster Unterschied zu den Staaten mit Überschussepisoden – die Dauer ihrer Überschüsse. Diese Dauer ist aber nur ein Ausdruck tiefer liegender Unterschiede zwischen Überschussregimen und Überschussepisoden. Sie ist das Ergebnis unterschiedlicher fiskalischer Ausgangsbedingungen und darauf folgender politischer Weichenstellungen. Eine bestimmte Sequenz fiskalpolitischer Entscheidungen sorgte dafür, dass schwarze Zahlen bewahrt wurden, eine andere dafür, dass sie Episode blieben. Die wichtigsten dieser Entscheidungen betrafen den Weg in den Überschuss und die formelle Kodifizierung bereits erzielter Überschüsse. Diese Entscheidungen wiederum sind ihrerseits nur vor dem Hintergrund der Ausgangslage vor dem Überschuss zu verstehen. Die einzelnen Schlüsselmomente können daher mithilfe eines einfachen theoretischen Konzepts, das nun zunächst kurz vorgestellt wird, zu einer logisch miteinander verbundenen Sequenz zusammengefasst werden.

Wer Überschüsse verstehen will, muss ihre Entstehung betrachten

Die politischen Weichen für den Umgang mit ausgeglichenen Haushalten werden nicht erst gestellt, wenn ein Finanzminister dem Parlament voller Stolz die erste schwarze Null präsentiert. Das geschieht bereits viel früher. Wie auf den folgenden Seiten genauer dargestellt wird, prägen Entscheidungen, die während der Haushaltssanierung getroffen werden, den Umgang mit Überschüssen nicht weniger als Entscheidungen im Überschuss selbst. Die Maßnahmen der Konsolidierung werden zu Kontextbedingungen der Fiskalpolitik im Überschuss. Sie bilden das Fundament, auf dem alle weiteren Entscheidungen aufbauen. Die Art und Weise, wie ein Überschuss entsteht, hat deshalb große Auswirkungen darauf, ob er bewahrt und wie er verwendet wird.

Der Grund dafür, dass Entscheidungen auf dem Weg in den Überschuss eine so große Bedeutung haben, liegt in einem Phänomen, das Sozialwissenschaftler als Pfadabhängigkeit bezeichnen. Damit beschreiben sie Prozesse, bei denen die zu Beginn getroffenen Entscheidungen alle später verfügbaren Optionen verändern und beschränken. In derartigen Prozessen kommt der Weggabelung, an der ein Pfad beginnt, eine besondere Bedeutung zu. Das klassische Beispiel dafür ist die QWERTY-Belegung der Computertastatur (David 1985). Als die Schreibmaschine im 19. Jahrhundert ihren Siegeszug antrat, war zunächst offen, wie ihre Tastatur gestaltet werden würde. Nachdem sich jedoch erst einmal die Mehrzahl der Nutzer an eine bestimmte Tastenbelegung gewöhnt hatte, war jeder Versuch, diese durch ein effizienteres System zu ersetzen, mit prohibitiv hohen Kosten verbunden. Weil QWERTY sich damals durchsetzen konnte, entsteht dieser Text auf einer solchen Tastatur.

Während die Dominanz von QWERTY ökonomische Gründe hat, sind in anderen Fällen politische Prozesse für Pfadabhängigkeiten verantwortlich. Denn staatliche Maßnahmen und Programme erzeugen mit der Zeit ihre eigenen Unterstützerkoalitionen.[4] Ein anschauliches Beispiel dafür ist die Pendlerpauschale. Indem sie längere Arbeitswege subventioniert, schafft sie einen Anreiz, in den Speckgürtel von Metropolen oder aufs Land zu ziehen. Wirkt dieser Anreiz lange genug, verlassen daher mehr

4 Die wichtigste Formulierung dieses Arguments stammt vom amerikanischen Politikwissenschaftler Paul Pierson (Pierson 2000).

Menschen die Stadt. Zugleich erhöht jeder weitere Umzug die Zahl der Wähler, die von der Pauschale profitieren. Und diese Wähler setzen sich natürlich gegen jeden Versuch zur Wehr, die Pauschale zu kürzen, nachdem sie einmal umgezogen sind.

Ganz ähnliche Prozesse gibt es auch in der Haushaltspolitik. Wenn der Staat seine Rolle in der Gesellschaft reduziert, weil er seinen Haushalt konsolidieren muss, passen die Menschen ihr Verhalten an diese veränderten Bedingungen an. Damit verändern sich auch ihre Präferenzen. Der politische Kontext, in dem nach einer Haushaltskonsolidierung der Überschuss verteilt wird, ist deshalb nicht mehr derselbe wie vor der Konsolidierung. Will man verstehen, wie Überschüsse verwendet werden, muss man deshalb die Umstände ihrer Entstehung berücksichtigen.

Die Ausgangsbedingungen unterschiedlicher Überschüsse

Begreift man die Entstehung und Verwendung von Überschüssen in diesem Sinne als pfadabhängigen Prozess, dann bildet bereits die Vorgeschichte des Haushaltsausgleichs die entscheidende Weggabelung, an der sich die Wege von Überschussregimen und Überschussepisoden trennten. Paradoxerweise waren nicht die Länder, die besonders gute Voraussetzungen hatten, sondern diejenigen, in denen die Ausgangslage besonders schwierig war, am ehesten in der Lage, ihre Überschüsse zu bewahren.

Die sechs Länder, die bereits in den neunziger Jahren

ein Überschussregime entwickelten – Australien, Dänemark, Finnland, Kanada, Neuseeland und Schweden –, waren nämlich keineswegs schon immer fiskalpolitische Musterschüler, im Gegenteil. Nur wenige Jahre, bevor sie ihren ersten Überschuss erzielten, steckten alle sechs tief in den roten Zahlen und hatten teilweise sogar mit echten Fiskalkrisen zu kämpfen. So wurden ihre Staatsanleihen, die bis Mitte der achtziger Jahre noch Bestnoten von den internationalen Ratingagenturen erhalten hatten, nun mehrfach abgewertet (Standard & Poor's 2011). Auch stiegen die Zinssätze, die sie für ihre Staatsverschuldung zahlen mussten, teilweise sprunghaft (Baldacci et al. 2011). Die Skepsis der Finanzmärkte war zeitweilig so groß, dass die Finanzminister in Sorge gerieten, ob sie überhaupt noch Käufer für ihre Staatsanleihen finden würden (Palmer/Egan 2011, Timonen 2003).

Diese Probleme beschränkten sich zudem nicht auf die Staatsfinanzen. Die Ökonomien befanden sich insgesamt in einer Schieflage. Fast alle makroökonomischen Indikatoren – die Arbeitslosigkeit, das Außenhandelsdefizit, die Inflationsrate oder der Wechselkurs – bewegten sich rasant in die falsche Richtung. Als die Weltwirtschaft in den frühen neunziger Jahren in die Rezession glitt, litten diese Länder am schwersten darunter. Der amerikanische Politikwissenschaftler Hermann Schwartz beschrieb sie 1994 deshalb mit einigem Recht als »small states in big trouble« (Schwartz 1994).

In eine besonders tiefe Sinnkrise stürzten diese wirtschaftlichen Probleme die skandinavischen Länder, die jahrzehntelang als Inbegriff des starken, investierenden und umverteilenden Staates gegolten hatten. Zeitweilig hatte ihre Staatsquote fast sechzig Prozent des Bruttoinlandsprodukts erreicht, fast ein Drittel der Arbeitnehmer hatten ihr Geld beim Staat verdient. Dieses Wirtschaftsmodell schien durch die Krise fundamental infrage gestellt. Zudem verschärfte in Schweden und Finnland eine schwere Bankenkrise die strukturellen Probleme. Diese zwang den Staat, mehrere große Bankhäuser zu retten, und stürzte die Wirtschaft in eine tiefe Rezession. Das finnische Bruttoinlandsprodukt schrumpfte zwischen 1991 und 1993 um mehr als zehn Prozent. Bis 2009 war das der schwerste Einbruch, den ein entwickeltes Land seit dem Ende des Zweiten Weltkriegs verkraften musste. In beiden Ländern explodierte zudem die Arbeitslosigkeit, und die Währung geriet unter Druck. Trotz verzweifelten Widerstands (die schwedische Reichsbank erhöhte den Übernachtzins zeitweise auf 500 Prozent) mussten beide Länder deshalb ihre Festwechselkurspolitik aufgeben (Mehrtens 2014). Dass Schweden und Finnland bereits Ende der neunziger Jahre wieder Haushaltsüberschüsse erwirtschaften würden, war unter diesen Umständen kaum zu erwarten.

Auch die angelsächsischen Länder Australien, Kanada und Neuseeland gerieten in dieser Zeit in tiefe Krisen. Zwar hatten diese Länder nie voll ausgebaute europäische Sozialstaaten entwickelt. Aber der Staat hatte auch hier bis weit in die achtziger Jahre hinein umfangreiche Lenkungsaufgaben in der Wirtschaft übernommen. Er regulierte Preise, initiierte große Investitionsprojekte, griff in den Arbeitsmarkt ein und versuchte, durch eine aktive Konjunkturpolitik das Auf und Ab der Wirtschaft zu glätten. All dies wurde nun grundsätzlich infrage gestellt.

Die Krise löste deshalb nicht nur in der Wirtschaft, sondern auch in der Politik schwere Erschütterungen aus. Zwei Beispiele illustrieren dies besonders deutlich: So stürzten die regierenden Konservativen in der kanadischen Parlamentswahl des Jahres 1993 von 43 auf 16 Prozent der Stimmen ab. Wegen des kanadischen Mehrheitswahlrechts konnten sie im neuen Parlament statt bislang 169 nur noch zwei Abgeordnete stellen. Von dieser Niederlage sollte sich die Partei nie wieder erholen. In Neuseeland setzten die Wähler sogar ein noch deutlicheres Zeichen: Unzufrieden mit der Arbeit beider dominierenden Parteien, stimmten sie 1993 in einem Referendum dafür, das bisherige Mehrheitswahlrecht durch ein Verhältniswahlrecht nach deutschem Vorbild zu ersetzen.

Verglichen mit den schweren Erschütterungen in diesen sechs Ländern verlief die Vorgeschichte der Überschüsse in der Schweiz verhältnismäßig undramatisch. Statt von einer konkreten Krise lässt sich hier eher von einer chronischen Schwächephase sprechen. So verzeichnete das Land in den neunziger Jahren die durchschnittlich niedrigste Wachstumsrate aller OECD-Mitglieder. Das gesamtstaatliche Defizit erreichte 1993 den für die Schweiz sehr hohen Wert von 3,5 Prozent des BIP. Zu einer krisenhaften Zuspitzung oder einem Vertrauensverlust der Finanzmärkte kam es allerdings nicht. Einen wachsenden politischen Willen selbst zu tief greifenden Reformen hinterließ das »verlorene Jahrzehnt« dennoch. Dieser fand vor allem in einer ökonomischen Liberalisierungspolitik und Schritten zu einer stärkeren wirtschaftlichen Integration in Europa seinen wichtigsten Ausdruck (Tanner 2015).

Wenn die Probleme der Schweiz auch nicht das Ausmaß der übrigen Überschussregime erreichten, unterschied sich die Ausgangslage aller sieben Regimeländer gleichwohl sichtbar von der jener Staaten, in denen ausgeglichene Haushalte Episoden blieben. Das zeigt besonders der Vergleich mit Großbritannien und den USA, die Ende der neunziger Jahre ebenfalls begannen, schwarze Zahlen zu schreiben, diese jedoch nicht bewahrten. Das Vereinigte Königreich hatte seine Krisenerfahrungen bereits Ende der siebziger Jahre gemacht und die schmerzhaften Reformen der Thatcher-Ära schon lange hinter sich. Die neunziger Jahre waren hier eine Zeit wachsenden Wohlstands, der besonders mit dem Boom des Finanzplatzes London zusammenhing. Ganz ähnlich verhielt es sich in den USA, wo die sogenannte »New Economy« für stürmisches Wachstum sorgte. Zwar war die öffentliche Verschuldung eines der wichtigsten Themen des Wahlkampfes 1992 gewesen, und Präsident Clinton hatte nach seiner Wahl eine Kombination aus Steuererhöhungen und Ausgabenkürzungen durchgesetzt. Die rasche Sanierung des Haushalts war jedoch vor allem der boomenden Konjunktur zu verdanken.

Noch am ehesten mit jener der späteren Überschussregime zu vergleichen war die Situation in den Niederlanden, wo die Turbulenzen der achtziger Jahre allerdings vor allem den Arbeitsmarkt und die Sozialversicherungen betrafen (Seils 2004, S. 105). So waren Anfang der neunziger Jahre etwa eine Million Niederländer als arbeitsunfähig eingestuft, um sie dem Arbeitsmarkt zu entziehen. Allerdings wurde weder die Bonität abgewertet, noch verlor das Land das Vertrauen der Finanzmärkte. Anders als die Schweiz profitierten die Niederlande in den neunziger Jahren zudem von einem starken Aufschwung, der die Arbeitslosenquote auf unter drei Prozent zurückgehen ließ. Zwar setzte die Politik auch spürbare Ausgabenkürzungen durch. Sie konnte es sich jedoch erlauben, einen Großteil der Einsparungen in Form von Steuersenkungen an die Bürger weiterzugeben (DeVries et al. 2011, S. 64).

Die Vorgeschichte des Überschusses stellte also eine erste wichtige Weichenstellung dar, an der sich die Wege von Überschussregimen und Überschussepisoden trennten. Vor allem die sechs Länder, die bereits ab den neunziger Jahren ein Überschussregime entwickelten, sahen sich zu einem tief greifenden Kurswechsel gezwungen. Dagegen genügten im Fall der Überschussepisoden kleinere Kurskorrekturen, um den Haushalt wieder ins Gleichgewicht zu bringen. Entsprechend einfacher blieb es aber auch, diese Korrekturen später wieder rückgängig zu machen. In den Regimeländern dagegen war klar, dass es keine Rückkehr zum Status quo ante würde geben können.

Verschiedene Wege in den Überschuss

Die ökonomische und fiskalische Ausgangslage ist nicht der einzige Unterschied zwischen Überschussregimen und Überschussepisoden. Die zweite Schlüsselphase, in der sich die Länder sehr unterschiedlich entwickelten, war der Weg in den Überschuss. Staatshaushalte können nämlich auf zwei Arten konsolidiert werden: indem man die Staatseinnahmen erhöht oder indem man die

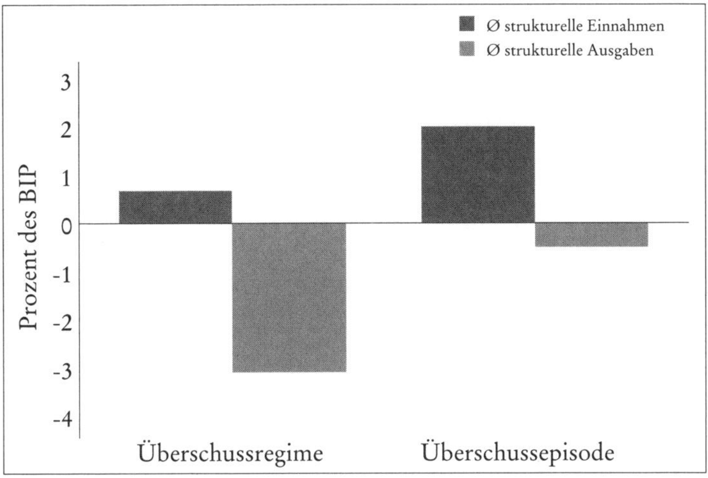

Quelle: OECD 2012

Abb. 2.3: Entwicklung der strukturellen Einnahmen und Ausgaben in den drei Jahren vor Beginn des Überschusses

Staatsausgaben senkt. Im erstgenannten Fall reduziert die öffentliche Hand ihre Rolle in der Wirtschaft kaum, bloß finanziert sie einen Teil ihrer Ausgaben nun nicht mehr über Kredite, sondern über Steuern. Bezahlt wird die Konsolidierung dann gewissermaßen von den Steuerzahlern. Im zweiten Fall dagegen schrumpft der Staat, während die Steuern unverändert bleiben. Damit bezahlen vor allem diejenigen für die Konsolidierung, die bislang von staatlichen Aktivitäten profitierten, welche nun gestrichen werden.

Die beiden Gruppen von Überschussländern wählten genau entgegengesetzte Wege, ihr Budget zu konsolidieren. Überschussepisoden ging in der Regel ein Anstieg der Steuereinnahmen voraus, während Überschussregime vor allem einem Rückgang der Ausgaben zu verdanken waren. Dieser Rückgang war nicht bloß konjunkturell bedingt, sondern zeigt sich auch in konjunkturbereinigten Daten, die bereits zu berücksichtigen versuchen, dass ein Wirtschaftsaufschwung die Staatseinnahmen steigen und die Staatsausgaben sinken lässt (vgl. Abb. 2.3). Sie messen damit Veränderungen, die nicht auf die Konjunktur, sondern auf politische Entscheidungen zurückgehen. Somit erlauben sie den Schluss, dass für die unterschiedliche Entwicklung der beiden Ländergruppen tatsächlich unterschiedliche politische Weichenstellungen verantwortlich waren:[5] In den sieben Überschussregimen gingen etwa vier Fünftel der strukturellen Verbesserung des Haushaltssaldos auf sinkende Ausgaben zurück und nur ein Fünftel auf steigende Einnahmen. In den zehn Überschussepisoden verhielt es sich genau umgekehrt: Hier waren steigende Einnahmen für den überwiegenden Teil des strukturellen Defizitabbaus verantwortlich.

Mit anderen Worten: In den Überschussepisoden veränderte sich die Staatstätigkeit kaum, sie wurde nur besser finanziert. Dagegen reduzierten die Überschussregime ihre Staatstätigkeit deutlich. Nach Abschluss der Konsolidierung spielte der Staat hier eine viel geringere Rolle in der Wirtschaft als noch wenige Jahre zuvor. Dabei waren die konkreten Einschnitte teilweise gewaltig. So kürzte die kanadische Bundesregierung ihre nominalen, nicht für Zinszahlungen aufgewendeten Ausgaben in nur vier Jahren von 120 auf 108,8 Milliarden kanadische Dollar. In realen Dollar entsprach das einer Re-

5 Das bestätigen auch die narrativen Analysen des Internationalen Währungsfonds (Guajardo/Leigh/Pescatori 2011).

duktion um fast ein Viertel. Damit fielen die Staatsausgaben als Anteil am BIP auf das Niveau des Jahres 1950 (Department of Finance Canada 1999; Bourgon 2009). Zum Vergleich: Auf Deutschlands Weg zur schwarzen Null gingen die Ausgaben des Bundes gerade einmal von 304 auf 299 Milliarden Euro zurück. Rechnet man die Zinsen heraus, stiegen sie sogar leicht.

Ähnlich drakonische Schritte wie Kanada ergriffen auch Neuseeland, Schweden und Finnland, während die Kürzungen in Australien und der Schweiz deutlich sanfter ausfielen. Auch sie gingen aber erheblich über die Maßnahmen in Ländern mit Überschussepisoden, wie etwa den USA, hinaus. Zwar verstand Bill Clinton seine Sozialstaatsreformen im Sinne der Formel »ending welfare as we know it« als tief greifenden Einschnitt. Seine Kürzungen erreichten jedoch bei Weitem nicht das Ausmaß der Regimeländer. Stattdessen setzte Clinton sogar eine Anhebung des Spitzensteuersatzes von 31 auf 39,6 Prozent durch. Eine derart massive Steuererhöhung gab es in keiner der sieben Ökonomien mit Überschussregimen.

Das Rollenverständnis des Staates blieb in Ländern wie den USA von der Konsolidierung folglich weitgehend unbeeinflusst. Der Umbau des Staates hatte hier bereits in den achtziger Jahren begonnen und verlief unabhängig vom Defizit. In den Überschussregimeländern waren der Kampf gegen das Defizit und ein neues, reduziertes Verständnis von den Aufgaben des Staates dagegen eng miteinander verbunden. Nicht ohne Grund war in so unterschiedlichen Ländern wie Kanada und der Schweiz wortgleich die Rede davon, man müsse »das Regieren neu erfinden« (Wenzelburger 2010; Tanner 2015).

Die Konsolidierungsmaßnahmen signalisierten, der Staat müsse in Zukunft schlanker, effizienter und weniger ambitioniert sein. Stattdessen sollten die Bürger selbst größere Verantwortung übernehmen. Haushaltskonsolidierung und Staatsumbau gingen somit Hand in Hand.

Weil die vorausgehende Krise so viel tiefer gewesen war, bedeutete auch die folgende Konsolidierung in den Überschussregimeländern einen sehr viel tieferen Einschnitt als in den Überschussepisoden. Sich allein auf steigende Steuereinnahmen zu verlassen hätte schlicht nicht gereicht, um das Haushaltsloch zu schließen. Die zweite Weichenstellung folgte also pfadabhängig aus der ersten. Gemeinsam bereiteten diese dann den Boden für den Umgang mit dem dritten und letzten Schlüsselmoment auf dem Weg zur Bewahrung oder zum raschen Verlust von Überschüssen.

Der Politik die Hände binden

Dieser dritte Unterschied zwischen den beiden Überschusstypen besteht darin, dass Länder mit Überschussregimen den Bruch mit der fiskalischen Vergangenheit durch Reformen ihrer Budgetprozesse formalisierten. Sie betrachteten das Verfahren der Budgetaufstellung als mitverantwortlich für ihre akuten Schuldenprobleme. Daher suchten sie nach Möglichkeiten, es in Zukunft stringenter zu gestalten, um neuerliche Defizite zu vermeiden. Länder mit Überschussepisoden verzichteten dagegen auf solche Reformen.

Das populäre Motiv, um die Idee hinter diesen Reformen zu veranschaulichen, lieferte Homer: Die Fiskalpolitik müsse agieren wie Odysseus, der sich von seiner Mannschaft an den Mast fesseln ließ, um sich vom Gesang der Sirenen nicht zu einem fatalen Kurswechsel verleiten zu lassen. Odysseus, so die moderne Terminologie der Wirtschaftswissenschaften, hatte sein Zeitinkonsistenzproblem erkannt: Er wusste, dass er dem Gesang der Sirenen nicht folgen durfte, diesen Entschluss aber nicht würde durchhalten können, sobald er die Sirenen hörte. Also ersann er eine List, die ihn zwang, seinem ursprünglichen Willen weiter zu folgen – einem Willen, den er sowohl vor als auch nach der Begegnung mit den Sirenen als richtig empfand, währenddessen aber nicht.

Auch die Politik, so die Analyse der Reformer, sei ständig in Versuchung, dem Sirenengesang der Wahlgeschenke, faulen Kompromisse und anderer Disziplinlosigkeiten zu erliegen. Deshalb müsse man sie – wie Odysseus – in ein enges Regelkorsett binden, das sie auch dann noch zu einer verantwortungsbewussten Fiskalpolitik zwinge, wenn ihre konkreten Wünsche gerade ganz andere seien.

Zu diesem Zweck zentralisierten die Überschussländer den Budgetprozess, stärkten die mittelfristige Finanzplanung, erließen weitgehende Transparenzverpflichtungen oder gründeten neue Expertengremien, die den Haushaltspolitikern prüfend auf die Finger schauen sollten. Zudem formulierten sie numerische Ziele für die Entwicklung der Staatsfinanzen, ähnlich den Zielen des europäischen Stabilitätspaktes, nur sehr viel schärfer. Beispielsweise verpflichtete sich Schweden, im Durchschnitt des Konjunkturzyklus ein Haushaltsplus von ein Prozent des BIP anzustreben.

Insgesamt kann man vier Arten solcher numerischen

Regeln unterscheiden, nämlich Defizitregeln, Schuldenregeln, Ausgaberegeln und Einnahmeregeln (Budina et al. 2012). Eine Defizitregel schreibt einen bestimmten Haushaltssaldo, eine Schuldenregel eine bestimmte Schuldenquote vor, die erreicht werden sollen oder nicht überschritten werden dürfen. Ausgabe- und Einnahmeregeln legen dagegen Obergrenzen für die jeweils einzelnen Seiten des Budgets fest.

Alle sieben Überschussregimeländer unterwarfen ihre Fiskalpolitik derartigen Vorschriften. Dabei beschränkte sich die Schweiz darauf, eine als Schuldenbremse bezeichnete Defizitregel einzuführen, die später auch zum Vorbild für das gleichnamige deutsche Gesetz werden sollte. In einer Volksabstimmung im Jahr 2001 votierten 85 Prozent der Stimmbürger für die Einführung dieser Norm. Gemeinsam mit einigen weiteren institutionellen Besonderheiten der Schweiz (direkte Demokratie, kantonaler Steuerwettbewerb, kantonale Schuldenbremsen) gilt sie in der wissenschaftlichen Literatur als ein Hauptgrund für die jüngsten Sparerfolge der Schweizer Haushaltspolitik (Feld 2011, Beljean/Geier 2013).

Die übrigen sechs Überschussregimeländer verließen sich dagegen nicht auf eine einzige Regel, sondern flankierten diese mit mindestens einer weiteren numerischen Vorschrift. Anders als die Schweiz führten sie die meisten dieser Bestimmungen zudem nach Abschluss ihrer Konsolidierung ein (vgl. Tab. 2.3). Große schöpferische Kreativität zeigten sie insbesondere bei der Entwicklung von Einnahme- und Ausgaberegeln. So legen Schweden und Finnland drei bzw. vier Jahre im Voraus Obergrenzen für die Staatsausgaben fest, die selbst im Falle steigender Staatseinnahmen nicht überschritten werden dürfen (Ljungman 2008). Dänemark verabschiedete 2001 einen sogenannten »tax freeze«, der jegliche Steuererhöhungen verbot (Blöndal 2004). Und Kanada erließ im Jahr 2007 sogar einen »Tax-back Guarantee Act«, der festlegte, dass jegliche von den Überschüssen verursachte Zinsersparnis für Steuersenkungen verwendet werden muss (Government of Canada 2007). Solche Einnahmeregeln regulierten allerdings nicht mehr die Bewahrung, sondern bereits die Verwendung der Überschüsse. Indem sie enge Grenzen für eine Ausweitung der Staatstätigkeit setzten, lenkten sie die Überschüsse quasi automatisch in die Richtung der marktliberalen Vision eines schlanken Staates.

Tab. 2.3: Durchschnittliche Anzahl neuer Fiskalregeln in Ländern mit Überschüssen

	während der Konsolidierung	im Überschuss
Überschussregime	0,6	2,1
Überschussepisoden	0,6	0,2

Quelle: Budina et al. 2012

Im Gegensatz zu den bisher diskutierten Ländern verzichteten die Staaten mit Überschussepisoden weitgehend auf Reformen des Budgetprozesses. Allenfalls begleiteten sie die Haushaltskonsolidierung mit einzelnen Reformschritten. Nachdem der Haushalt ausgeglichen worden war, unternahmen sie jedoch keine weiteren Reformen. Von den zehn Fällen mit Überschussepisoden gaben sich nur Island und Spanien noch nach Abschluss der Konsolidierung neue Budgetregeln.

Die Tatsache, dass Länder mit Überschussregimen eine Vielzahl neuer fiskalischer Vorschriften einführten, ist auf den ersten Blick eine glänzende Bestätigung der

Politik der Bundesregierung. Nicht nur hat Deutschland bereits 2009 eine Schuldenbremse eingeführt. Vor allem hat die Regierung zur Bekämpfung der Eurokrise von Beginn an auf eine Verschärfung der europäischen Fiskalregeln gesetzt. Auf deutsche Initiative hin brachten EU-Sondergipfel deshalb mit dem sogenannten Fiskalpakt, dem »Six-pack« und dem »Two-pack« mehrere Reformen des bereits existierenden Stabilitäts- und Wachstumspaktes auf den Weg (Europäische Kommission 2012).

Eine genauere Analyse verrät jedoch zwei fundamentale Unterschiede zwischen der Eurokrise und der Situation in den Überschussländern: Mit Ausnahme der Schweiz reformierten letztere ihre fiskalischen Regeln erst, nachdem sie die Haushalte bereits saniert hatten. Und selbst die schweizerische Schuldenbremse wurde zu einem Zeitpunkt eingeführt, als der Haushalt strukturell bereits weitgehend ausgeglichen war. Diese Reformen hatten also den Zweck, eine bereits gelungene Konsolidierung zu stabilisieren und ein erneutes Abgleiten in Defizite zu verhindern. In Europa wurden die neuen Fiskalregeln dagegen beschlossen, bevor mit der Budgetkonsolidierung überhaupt begonnen worden war. Europas neue Regeln dienten folglich nicht dazu, einen Sparerfolg zu verstetigen, sondern sollten ihn überhaupt erst herbeiführen. Mit anderen Worten: Während Odysseus' List sein Schiff auf dem richtigen Kurs halten und einen verhängnisvollen Kurswechsel verhindern sollte, müssen die europäischen Regeln das Schiff überhaupt erst auf einen neuen, besseren Kurs zwingen. Das ist allerdings eine viel schwierigere Aufgabe.

Darüber hinaus reformierten die Überschussländer ihren Budgetprozess selbst und ohne Druck von außen.

So ergab die schweizerische Volksabstimmung eine enorme Zustimmungsquote von 85 Prozent. Dagegen dürften viele Euromitglieder die neuen Vorschriften als von Brüssel (oder Berlin) oktroyiert empfinden. Ihre Zustimmung zu den Reformpaketen erfolgte gewissermaßen im Tausch gegen die deutsche Bereitschaft, den Rettungsschirm zu finanzieren. Eine Norm, die auf externem Druck basiert, hat jedoch viel weniger Bindungskraft als eine Norm, die sich auf einen innergesellschaftlichen Konsens stützt.

Das ist deshalb besonders wichtig, weil bei der empirischen Analyse von Fiskalregeln immer ein sogenanntes Endogenitätsproblem lauert. Damit ist gemeint, dass sich kaum zweifelsfrei klären lässt, was Ursache und was Wirkung ist, wenn ein Land mit strengen Fiskalregeln auf Defizite verzichtet. Sind die Regeln tatsächlich der Grund für die sparsame Fiskalpolitik? Oder werden die Regeln überhaupt nur eingeführt, weil das Land bereits zu dieser Politik entschlossen ist? In dem Fall wären die Regeln selbst eine Folge des politischen Sparwillens und nicht seine Ursache.

Die numerischen Regeln waren jedoch nicht der einzige institutionelle Faktor, der zur dauerhaften Vermeidung von Defiziten beitragen sollte. Sie wurden auf einer zweiten, informelleren Ebene des Budgetprozesses verstärkt. In Überschussregimen versuchten die Finanzminister nämlich, ihre schwarzen Zahlen als fragilen und ständig bedrohten Erfolg zu präsentieren. Damit gelang es ihnen, die Überschüsse weitgehend dem Zugriff ausgabenhungriger Kabinettskollegen zu entziehen.

Ein wichtiger Baustein war dabei, die Überschüsse bei der Haushaltsaufstellung systematisch zu unterschätzen. Denn mit dem Hinweis, die Etatplanungen reichten gerade so für eine schwarze Null, ließen sich Wünsche nach höheren Ausgaben oder stärkeren Steuersenkungen wirkungsvoll zurückweisen. Deshalb verwendeten die Finanzministerien gezielt pessimistische Prognosen über das Wirtschaftswachstum und die Entwicklung der Steuereinnahmen (das zeigen die Daten in Frankel/Schrager 2013). So erklärte der schwedische Finanzminister Persson:

> Ein Buchhaltungstrick, und wir verlieren Vertrauen, das zurückzugewinnen Jahre dauern könnte. Bislang habe ich noch keine einzige Defizitprognose in die falsche Richtung korrigieren müssen. Es ist sehr wichtig, dass das Finanzministerium bei der Prognose von Defiziten und Schulden vorsichtig vorgeht. (Persson 1996)

Solche vorsichtigen Annahmen führten am Ende des Haushaltsjahres regelmäßig zu »Überraschungsüberschüssen«. Allein die kanadische Regierung unterschätzte ihre Haushaltssalden zwischen 1996 und 2004 um insgesamt 61,5 Milliarden Dollar (O'Neill 2005, S. 123). In der Überschussepisode der USA hingegen war genau das Gegenteil der Fall. Auf dem Höhepunkt der Überschusseuphorie im Januar 2001 prognostizierte das Budgetamt des amerikanischen Kongresses ein kumuliertes Haushaltsplus von fünf Billionen US-Dollar für die nächsten zehn Jahre (Congressional Budget Office 2001). Obwohl alle Akteure wussten, dass diese Prognosen auf überaus optimistischen Annahmen basierten, wurden sie politisch so gut wie für bare Münze genommen. Statt unerwarteten Überschüssen waren damit ungeplante Defizite vorprogrammiert.

Auch Überraschungsüberschüsse wie in Kanada wecken allerdings über kurz oder lang Begehrlichkeiten.

Die Finanzminister versuchten daher, auch sie dem Zugriff anderer Ressorts zu entziehen. Dazu entwickelten sie vor allem zwei Strategien: Zum einen verpflichteten sie sich, Überschüsse in zweckgebundene Fonds, etwa zur Finanzierung zukünftiger Rentenausgaben, einzuzahlen. Damit lösten sie auf elegante Weise gleich zwei Probleme: Erstens legten sie vorab fest, was mit Überschüssen geschehen sollte und verhinderten so eine jährlich wiederkehrende Debatte über ihre richtige Verwendung. Und zweitens lieferten sie eine politisch kaum angreifbare Rechtfertigung, warum überhaupt weiterhin Überschüsse erzielt werden sollten.

Daneben bot sogenanntes »cookie jar accounting« eine weitere Möglichkeit, die Verausgabung einmal erzielter Überschüsse zu verhindern (Irwin 2012). Damit bezeichnet man das buchhalterische Verbergen fiskalischer Mittel in einer metaphorischen Keksdose (oder einem Honigtopf). Das gelingt, indem man Ausgaben, die eigentlich erst in der Zukunft anfallen würden, in das aktuelle Haushaltsjahr vorzieht. Das hat den doppelten Effekt, den aktuellen Überschuss zu reduzieren (und damit zu verbergen) und gleichzeitig zusätzliche Puffer in den Haushalten der Folgejahre zu schaffen.

Die notwendigen Ressourcen für solche Buchhaltungsraffinessen kamen natürlich aus den gerade beschriebenen Überraschungsüberschüssen, für die im Budget keine Verwendung festgelegt worden war. Zugleich lösten diese Überraschungen aber auch heftige Kämpfe um ihre Verteilung am Jahresende aus. Minister, die neue politische Projekte auf den Weg bringen wollten, hatten unter den Zwängen einer rigorosen Überschusspolitik nämlich wenig Aussicht, diese im regulären Etat durchsetzen zu können. Sie konnten allenfalls darauf hoffen, am Ende des Haushaltsjahres ein dickes Einmalprogramm an Land zu ziehen. Dafür mussten sie jedoch Projekte vorhalten, in die sich am Ende des Haushaltsjahres rasch noch einige hundert Millionen verschieben ließen. Politikfelder, die auf längerfristige und stetige Investitionen angewiesen wären, hatten unter diesen Bedingungen dagegen schlechte Karten.

Die Rhetorik der Überschüsse

Überschussregime und Überschussepisoden entwickelten sich also an allen drei bis hierhin beschriebenen Schlüsselstellen unterschiedlich. Damit liefert die Analyse der Haushaltsüberschüsse anderer Länder einen Maßstab, um die deutsche Fiskalpolitik an den entsprechenden Wegscheiden besser einordnen zu können.

Wie viel sich von den Vergleichsfällen lernen lässt, ist allerdings nicht nur eine Frage ökonomischer Zahlen und politischer Regeln. Es hängt auch vom Diskurs ab, der über diese Zahlen geführt wird. Nur wenn Überschüsse politisch ähnlich gedeutet werden, erlauben die verschiedenen Fälle tatsächlich einen sinnvollen Vergleich. Dagegen wäre ein Vergleich der schwarzen Null mit Deutschlands Überschüssen der fünfziger Jahre (oder gar der zwanziger Jahre) nicht sehr aussagekräftig. Nicht nur war der Staat damals noch viel kleiner, der Haushaltssaldo wurde auch viel weniger stark mit symbolischer Bedeutung aufgeladen. Hingegen wurden moderne (postkeynesianische) Überschüsse überall mit einer ähnlichen Heilsrhetorik begleitet wie heute in Deutschland. Das begann bereits bei der scharfen Kritik an der Staatsverschuldung, die als Symptom einer tiefer gehenden Krise des Wirtschaftssystems wahrgenommen wurde. Die fiskalischen Turbulenzen, die der Haushaltskonsolidierung vorausgingen, machten die Gefahren staatlicher Defizite besonders plastisch.

Diese Gefahren waren im politischen Diskurs daher äußerst präsent. So verglich der neuseeländische Ministerpräsident David Lange die Wirtschaft seines Landes in den achtziger Jahren mit einer »polnischen Werft« und folgerte, ein Kurswechsel sei nötig, schließlich »sind wir nicht die Cookinseln« (Goldfinch/Malpass 2007). Der australische Finanzminister Paul Keating wählte 1986 einen ähnlich bildhaften Vergleich und warnte, wenn seiner Regierung kein Umsteuern gelinge, werde Australien auf den Status einer »Bananenrepublik« herabsinken (Schwartz 1994). In Kanada schließlich ätzte das *Wall Street Journal* 1994 zum bleibenden Verdruss der Kanadier, das Land sei ein »Ehrenmitglied der Dritten Welt« und sein Dollar der »Peso des Nordens« (Lilico/Holmes/Sameen 2009). Die *Globe and Mail*, Torontos führende Tageszeitung, setzte Kanadas Verschuldungsprobleme sogar mit Deutschlands größtem ökonomischen Trauma des 20. Jahrhunderts gleich: »Wie die Deutschen nach der Hyperinflation, müssen auch wir aus unseren Erfahrungen mit der Hyperverschuldung lernen. Wir müssen sicherstellen, dass so etwas nie wieder passiert.« (Coyne 1995)

Die Parallelen dieser Krisenrhetorik mit dem deutschen Verschuldungsdiskurs sind kaum zu übersehen. Die Warnung, unsolide Haushaltsführung lasse ein Land »enden wie Griechenland«, ist nichts anderes als die zeitgenössische Form des An-die-Wand-Malens einer »Bananenrepublik«. Geändert haben sich nur die Länder, die als Synonym für Chaos und Verschwendung stehen.

Eine weitere Parallele zum deutschen Diskurs besteht darin, dass sich fast alle politischen Akteure zu ausgeglichenen Haushalten bekannten. Bereits die Konsolidierung wurde in der Regel im Konsens aller wichtigen Parteien verfolgt, etwa weil die Regierung auf Kompromisse mit den Oppositionsparteien angewiesen war, um die notwendigen Mehrheiten für umfangreiche Kürzungen zu sichern. Dadurch waren fast alle relevanten politischen Kräfte in den Konsolidierungskurs eingebunden.

Bei diesem Allparteienkonsens blieb es auch nach dem Ende der Konsolidierung. Denn ausgeglichene Budgets stießen auf eine mindestens so positive Rezeption wie heute in Deutschland. Sie erwiesen sich also als klassisches Valenzthema. So bezeichnen Politikwissenschaftler Themen, bei denen Parteien nicht über die richtige Grundsatzhaltung streiten, sondern darum, wer die größte Kompetenz hat, diese politisch umzusetzen (Stokes 1963). Ein typisches Beispiel dafür ist die Arbeitslosigkeit, bei der alle gesellschaftlichen Akteure übereinstimmen, dass sie bekämpft werden muss. Politisch relevant ist dann vor allem die Frage, wem die Wähler dies am ehesten zutrauen.

Beim Valenzthema Überschuss besaß die amtierende Regierung einen natürlichen Glaubwürdigkeitsvorteil (immerhin hatte sie ihn herbeigeführt) und feierte sich entsprechend. Insbesondere für den schwedischen Finanzminister Göran Persson und seinen kanadischen

Amtskollegen Paul Martin wurde die Haushaltssanierung zum persönlichen Triumph, der sie schließlich sogar an die Spitze der Regierung führte. Dagegen traf das Dilemma der deutschen Oppositionsparteien (und der SPD) die Opposition auch in diesen Ländern mit voller Wucht.

Ausgeglichene Haushalte wurden aber nicht nur als glückliches Ende einer Verschuldungskrise gefeiert. Sie weckten auch ähnlich optimistische Erwartungen wie heute in Deutschland. Diese Länder hatten ebenfalls seit Jahren unter einem zunehmenden Verlust fiskalischer Handlungsfähigkeit gelitten und hofften, dieser Trend werde sich nun umkehren. Besonders eindrücklich formulierte diese Erwartung der damalige kanadische Finanzminister Paul Martin:

> [N]achdem wir getan haben, was wir tun mussten, sehen wir, dass wir das Schlimmste hinter uns haben und dass hellere Tage vor uns liegen. Die Ära der Einschnitte geht zu Ende. Die Finanzen der Nation sind endlich wieder unter Kontrolle. Wir stehen an einem Punkt, wo wir unser Schicksal wieder selbst in die Hand nehmen und gestalten können. (Martin 1997)

Mit den Überschüssen verband er also nicht weniger als die Hoffnung auf ein neues – und sicher besseres – »Schicksal« für Kanada. Ganz ähnlich äußerte sich auch sein schwedischer Amtskollege Persson, der sogar ein Buch mit dem (sinngemäß übersetzten) Titel *Wer Schulden hat, ist nicht frei* veröffentlichte – und implizierte, die Befreiung von Schulden werde auch andere neue Freiheiten bringen (Persson 1997). Die Überhöhung ausgeglichener Haushalte zu einem epochalen Ereignis, das eine bessere, handlungsfähigere und demokratischere Politik ermögliche, ist also keine deutsche Besonderheit.

In Ländern mit Überschussregimen waren die Erwartungen fast dieselben.

Doch auch in Staaten mit Überschussepisoden wurden die ausgeglichenen Haushalte mit ähnlichen Hoffnungen überfrachtet. Das wohl prägnanteste Beispiel dafür ist der US-amerikanische Überschuss der Jahre 1998-2000, der eine regelrechte Euphorie auslöste. So entwarf die Regierung bereits Pläne, nach denen die USA in weniger als fünfzehn Jahren vollständig schuldenfrei sein könnten. Gleichzeitig überboten sich die Präsidentschaftskandidaten George W. Bush und Al Gore mit Vorschlägen, wie die Überschüsse genutzt werden sollten. Während Bush immer größere Steuersenkungspakete versprach, wollte Gore die Finanzierung des amerikanischen Sozialsystems auf Jahrzehnte hinaus sicherstellen.

Ähnlich wie in Deutschland deutete die Politik den ersten Überschuss seit 1969 als einen historischen Meilenstein. So erinnerte Bill Clinton (wie sechzehn Jahre später Norbert Barthle) an die Mondlandung und versprach »ein neues Zeitalter der ausgeglichenen Haushalte und Überschüsse« (Clinton 1998). Und Robert Reischauer, langjähriger Chef des Budgetamtes des amerikanischen Kongresses, ließ sich in der *New York Times* mit den Worten zitieren, das Ende des Defizits sei das fiskalpolitische Äquivalent zum Ende des Kalten Krieges (Rosenbaum 1998).

Am sichtbarsten wurden die Parallelen zum deutschen Diskurs aber in einer kurzen Ansprache, in der Clinton im März 2000 die vorzeitige Tilgung eines Teils der amerikanischen Staatsschulden verkündete:

> Heute haben wir eine weitere historische Wegmarke unserer haushaltspolitischen Wende erreicht. Zum ersten Mal seit siebzig Jahren hat das Finanzministerium Staatsanleihen zurückgekauft. […] Amerika ist jetzt auf dem Weg, bis zum Ende dieses Jahres beinahe 300 Milliarden Dollar Schulden zurückzuzahlen und bis 2013 schuldenfrei zu sein. In dieser neuen Ära der Überschüsse werden uns Anleihenrückkäufe helfen, auch in Zukunft unsere Schulden zu tilgen, den amerikanischen Steuerzahlern Geld zu sparen und die Belastung unserer Kinder und Enkel durch Zinszahlungen zu verringern. (Clinton 2000)

Hier sind in wenigen Sätzen alle wesentlichen Elemente der deutschen Überschussrhetorik versammelt: die metaphorische Überhöhung (»historische Wegmarke«), die Betonung der historischen Einmaligkeit (»zum ersten Mal seit siebzig Jahren«), die Prophezeiung einer besseren Zukunft (»bis 2013 schuldenfrei«) und der abschließende Appell an die Generationengerechtigkeit. Clintons Rede könnte – mit angepassten Zahlen – ohne Weiteres vom haushaltspolitischen Sprecher der Unions-Bundestagsfraktion gehalten werden.

Die von Clinton formulierten Hoffnungen erwiesen sich jedoch als vollkommen überzogen. Durch das Platzen der New-Economy-Blase, die Steuersenkungen der Bush-Regierung und die Kriege in Afghanistan und im Irak wurde aus dem Überschuss in wenigen Jahren ein Defizit von mehreren hundert Milliarden. Statt bei null stand die amerikanische Staatsverschuldung im Jahr 2013 bei fast 17 Billionen Dollar.

Sowohl in Überschussepisoden wie in den USA als auch in Überschussregimen wie Kanada weckten Politik und Medien ganz ähnliche Hoffnungen wie heute in Deutschland. Ausgeglichene Haushalte sollten ein Ende des permanenten Spardrucks ermöglichen, Spielräume für neue Gestaltungsausgaben schaffen, ein Absenken der Steuerlast ermöglichen und zu einer gerechten Lastenverteilung zwischen den Generationen beitragen. Es stellt sich daher die Frage, welche dieser Hoffnungen erfüllt werden konnten. Wie also wurden die von den Überschüssen geschaffenen Spielräume verwendet?

Auch für diese Frage sind vor allem die Länder mit Überschussregimen relevant. Denn in Überschussepisoden konnte von einer strukturellen und dauerhaften Wiedergewinnung staatlicher Gestaltungsspielräume keine Rede sein. So waren die USA schon ab 2002 wieder mit dem Kampf gegen staatliche Defizite beschäftigt. Der Überschuss sollte die große Steuersenkungsparty der Regierung Bush finanzieren, aber bereits der zweite Teil ihres Steuersenkungspakets wurde 2003 unter Defizitbedingungen verabschiedet. Dauerhafte Spielräume für neue Politikprojekte gab es praktisch kaum.

In Ländern mit Überschussregimen waren solche Spielräume hingegen zumindest theoretisch vorhanden. Dank der andauernden Überschüsse sank auch ihre Schuldenquote deutlich (zu einem kleinen Teil durch Tilgung, zum Großteil durch den Anstieg des BIP), so dass sich der Druck der internationalen Finanzmärkte immer weiter reduzierte. Vor allem aber konnten diese Staaten ihre Zinslast während der Überschussjahre deutlich reduzieren. Dabei reicht die Spanne der Zinsentlastung von knapp einem Prozent des BIP in der Schweiz bis zu über vier Prozent in Kanada. Durchschnittlich sanken die Zinskosten um 2,6 Prozent des Bruttoinlandsprodukts. Bezogen auf Deutschland wären das heute knapp 80 Milliarden Euro. Die neu gewonnenen Spielräume waren also überraschend groß.

Progressive Überschussvisionen scheitern

Ob sich die Hoffnungen auf größere staatliche Handlungsfähigkeit erfüllt haben, hängt davon ab, wie diese Spielräume genutzt wurden. Um dies zu untersuchen, ist es nötig, einen konkreteren Begriff von Handlungsfähigkeit zu entwickeln. Was macht einen handlungsfähigen Staat aus? Was sind die wichtigsten Politikziele, für die der neu gewonnene Spielraum verwendet werden soll? Und welche Art der Überschussverwendung widerspricht dem Ziel wachsender Handlungsfähigkeit?

Den Ausgangspunkt für einen konkreteren Begriff staatlicher Handlungsfähigkeit bildet das Konzept der fiskalischen Demokratie (Streeck/Mertens 2010). Handlungsfähig ist ein Staat demnach, wenn seine Staatstätigkeit nicht bereits durch Entscheidungen der Vergangenheit festgelegt ist, sondern in demokratischen Abstimmungen regelmäßig neu justiert werden kann. Ein handlungsfähiger Staat verfügt über Spielräume, um Budgetmittel in unterschiedliche Richtungen zu lenken, je nachdem, was die Wünsche der Bürger und der amtierenden Regierungsmehrheit sind. Mit anderen Worten: Die Staatstätigkeit muss *gestaltbar* sein.

Das allein genügt aber noch nicht. Daneben muss die Staatstätigkeit auch *gestaltend* sein. Ein handlungsfähiger Staat in diesem Sinne reagiert nicht bloß auf gesellschaftliche Veränderungsprozesse, sondern gibt ihnen aktiv neue Impulse. Seine Ausgaben gestalten die Zukunft, statt nur den Status quo zu alimentieren. Sie haben den Zweck, die gesellschaftlichen Zukunftsvisionen der Regierung finanziell zu unterfüttern. Es geht daher nicht bloß darum, ob der Staat theoretisch in der Lage wäre, Gestaltungsausgaben zu tätigen – er muss dies auch tatsächlich tun.

Die so verstandene Handlungsfähigkeit kann auf verschiedenen Wegen in Zahlen gefasst werden. Das breiteste verfügbare Maß sind die sogenannten Nettokernausgaben. Dies sind die gesamten Staatsausgaben abzüglich der beiden wichtigsten Formen von Vergangenheitslasten, nämlich der Zinsen und der Sozialausgaben. Beide basieren auf früher einmal gegebenen Zahlungsversprechen und sind kaum noch zu verändern (die Sozialausgaben noch eher als die Zinsen). Außerdem haben sie keinerlei gestaltenden Einfluss auf die Gesellschaft, sind also weder gestaltend noch gestaltbar. Dagegen umfassen die Nettokernausgaben sowohl die gestaltenden als auch die gestaltbaren Staatsausgaben – allerdings auch noch einiges mehr.

Abbildung 2.4 zeigt für die sieben Überschussregime, wie sich der Anteil der Nettokernausgaben am Bruttoinlandsprodukt in den Überschussjahren und den vorausgehenden Konsolidierungen entwickelt hat. Dabei steht das mit 1 bezeichnete Jahr für das jeweils erste Jahr mit ausgeglichenem Haushalt. Das heißt, der Wert dieses Jahres entspricht dem Durchschnitt der nationalen Aus-

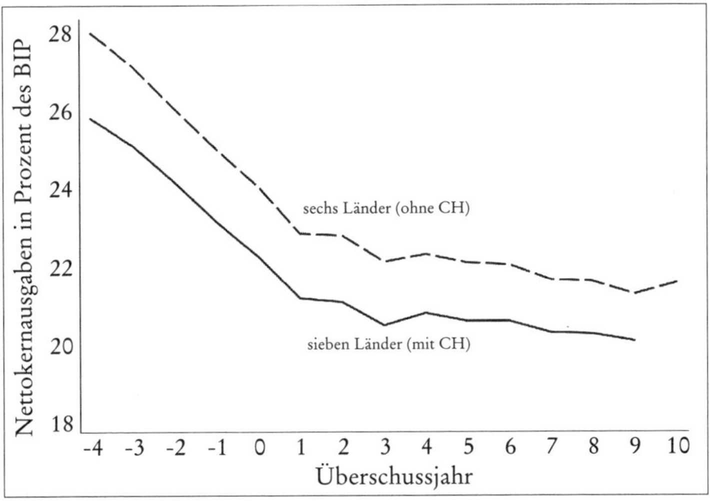

Quelle: OECD 2012, 2015

Abb. 2.4: Entwicklung der Nettokernausgaben in sieben Überschussländern

gaben im jeweils ersten Überschussjahr der sieben Länder (in Schweden im Jahr 1998, in der Schweiz 2006 etc.).

Weil die Überschüsse der Schweiz noch sehr frisch sind, liegen allerdings noch nicht für alle ihre Überschussjahre international vergleichbare Daten vor. Deshalb zeigen die folgenden Grafiken jeweils zwei Durchschnittswerte, einen mit und einen ohne die Schweiz. Die Kurve für alle sieben Länder endet dabei jeweils am letzten für die Schweiz verfügbaren Datenpunkt. Die Herausnahme der Schweiz verändert die Ergebnisse jedoch kaum – die Ausgaben der Eidgenossenschaft entwickelten sich sehr ähnlich wie die der übrigen sechs Länder zehn Jahre zuvor.

Alle sieben Länder kürzten die Nettokernausgaben

während der Konsolidierung (den Jahren –4 bis 0) erheblich. Das ist auch wenig überraschend, denn das Haushaltsplus entstand fast vollständig auf der Ausgabenseite, und die Nettokernausgaben lassen sich, eben weil sie gestaltbar sind, verhältnismäßig einfach kürzen. Wenn die progressive Überschussvision zutrifft, sollten diese Kürzungen im Überschuss allerdings wieder rückgängig gemacht werden. Das war jedoch nicht der Fall: Die Nettokernausgaben gingen sogar weiter zurück.

Die Entwicklung der Nettokernausgaben liefert ein erstes Indiz für Zweifel an den progressiven Hoffnungen. Diese Ausgaben stellen jedoch nur ein sehr grobes Maß für Gestaltungsfähigkeit dar. Sehr viel präziser wird diese von den öffentlichen Investitionen erfasst, die nicht nur gestaltbar, sondern immer auch eminent gestaltend sind. Dabei kann man unterscheiden zwischen »harten« Investitionen in die öffentliche Infrastruktur, beispielsweise Schienen, Brücken oder Kabelnetze, und »weichen« Investitionen in die Bürger eines Landes, also Ausgaben für Bildung und Forschung, für Familien und für Weiterbildungsmaßnahmen im Rahmen einer aktiven Arbeitsmarktpolitik.

Auch die Infrastrukturinvestitionen gingen in der Konsolidierung deutlich zurück (Abb. 2.5). Im Gegensatz zu den Nettokernausgaben erholte sich ihr Anteil am BIP danach allerdings leicht. Trotz dieser Erholung erreichten die Investitionen allerdings selbst nach einem Jahrzehnt im Überschuss nicht wieder ihr früheres Niveau. Dabei wäre der Nachholbedarf in diesem Bereich besonders groß gewesen. So hatten Schweden und Finnland ihr Investitionsbudget während der Konsolidierung um über zwanzig Prozent und Neuseeland das seine so-

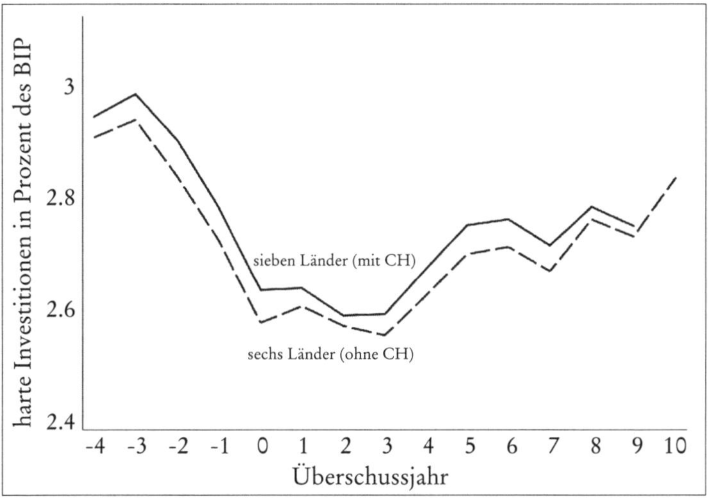

Quelle: OECD 2012, 2015

Abb. 2.5: Entwicklung der harten Investitionen in sieben Überschussländern

gar um über vierzig Prozent gekürzt. Die so entstandene Infrastrukturlücke wurde jedoch nicht geschlossen.

Ganz ähnlich verhält es sich mit den weichen Investitionen in Bildung, Forschung, Familien und aktive Arbeitsmarktpolitik (vgl. Abb. 2.6). Auch ihr Anteil am BIP ging in der Konsolidierung erheblich zurück. Die versprochene Trendumkehr im Überschuss blieb jedoch ebenfalls aus. Statt sich dauerhaft zu erholen, begannen die weichen Investitionen nach einem leichten Anstieg in den ersten Überschussjahren, wieder zu sinken. Dafür waren insbesondere stagnierende Ausgaben für Familien- und aktive Arbeitsmarktpolitik verantwortlich.

Somit zeigen alle drei Maße staatlicher Gestaltungsfähigkeit, dass es den sieben Überschussländern nicht gelang, ihre entsprechenden Ausgaben in größerem Um-

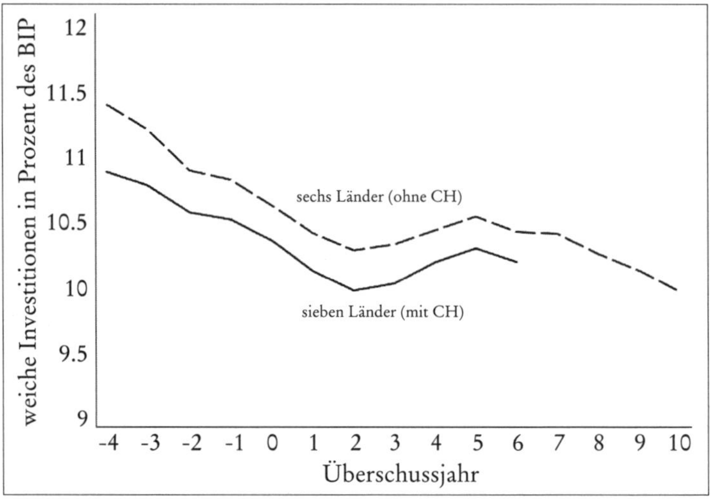

Quelle: OECD 2012, 2015

Abb. 2.6: Entwicklung der weichen Investitionen in sieben Überschussländern

fang zu erhöhen. Dieses Ergebnis ist für Anhänger der progressiven Überschussvision ausgesprochen ernüchternd. Möglicherweise wären die gestaltenden Staatsausgaben allerdings noch stärker gesunken, wenn die Länder statt Überschüssen weiterhin Defizite erzielt hätten. Dann wäre die enttäuschende Entwicklung der absoluten Zahlen im Vergleich zu anderen Ländern durchaus befriedigend. Um abschließend beurteilen zu können, ob die beschriebene Entwicklung enttäuschend, zufriedenstellend oder sogar erfreulich war, benötigt man daher einen Vergleichsmaßstab.

Einen solchen Maßstab erhält man, indem man statistisch untersucht, welchen eigenständigen Einfluss Defizite auf die Entwicklung der Staatstätigkeit haben, nachdem man den Einfluss anderer Faktoren wie Wirtschaftswachstum, Globalisierung, Demografie oder Arbeitslosigkeit berücksichtigt hat. Eine entsprechende Analyse für den Zeitraum von 1980 bis 2009 zeigt, dass jeder Prozentpunkt, um den das Defizit wächst, die Nettokernausgaben im Folgejahr um durchschnittlich etwa 0,15 Prozent des BIP reduziert. Auch die harten und weichen Investitionen sinken statistisch signifikant.[6] Die politische Sorge vor Defiziten ist also durchaus berechtigt. Wenn ein Staat sich höher verschuldet, ist er in der Folgezeit gezwungen, seine Gestaltungsausgaben zu reduzieren.

Wie lässt sich daraus ein Maßstab für die Bewertung der Politik im Überschuss ableiten? Stellen wir uns vor, es gäbe drei Volkswirtschaften, deren Arbeitslosigkeit, Demografie, Wachstum usw. vollkommen identisch sind. Der einzige Unterschied: Das erste Land erzielt ein Defizit von einem Prozent des BIP, das zweite einen ausgeglichenen Haushalt und das dritte einen Überschuss von einem Prozent des BIP. Dann prognostiziert die statistische Analyse, das Defizitland werde seine Nettokernausgaben im Folgejahr um 0,15 Prozent des BIP stärker reduzieren als das Land mit einem ausgeglichenen Haushalt. Und analog dazu sollte das Überschussland diese Ausgaben um 0,15 Prozent des BIP stärker erhöhen als das Land mit der schwarzen Null. Damit haben wir unseren Maßstab: Wachsen die Ausgaben um 0,15 Prozentpunkte stärker als im Nachbarland, ist das eine erwartungsgemäße Entwicklung, ein stärkerer Anstieg wäre erfreulich, ein schwächerer Anstieg enttäuschend.

Offensichtlich gibt es in der realen Welt keine drei

6 Vgl. zu den Details dieser Analyse Haffert 2015, S. 135-152.

identischen Länder, sondern 20 teils sehr unterschiedliche OECD-Mitglieder. Weil die statistische Analyse aber nicht nur den Einfluss des Budgetsaldos abschätzt, sondern auch den Einfluss der anderen Faktoren, kann man für jedes Land eine Prognose abgeben, wie sich seine Ausgaben in einem bestimmten Jahr entwickeln sollten. Diese Vorhersage lässt sich dann mit den in der realen Welt beobachteten Werten vergleichen. Dabei wird die Vorhersage nie ganz mit der Realität übereinstimmen. In einem Jahr wird sie zu optimistisch sein, in einem anderen zu pessimistisch. Entscheidend ist jedoch, dass die Prognose keinen systematischen Fehler enthalten sollte – zu positive und zu negative Vorhersagen sollten einander auf Dauer ausgleichen.

Genau das ist in den Überschussländern jedoch nicht der Fall. Für diese Länder sind die Prognosen der statistischen Analyse systematisch zu optimistisch. Jahr für Jahr blieben die Investitionen dort hinter der Vorhersage des statistischen Modells zurück. Dagegen gingen sie in Defizitjahren so zurück, wie es auf Basis des Modells zu erwarten wäre. Negative Haushaltssalden sorgten also für einen Rückgang der Investitionsausgaben, positive Salden lösten jedoch keinen analogen Wiederanstieg aus.

Die statistische Analyse bestätigt damit den Eindruck der obigen Grafiken. Sie zeigt jedoch noch mehr. Weil sie den Einfluss anderer Faktoren berücksichtigt, erlaubt sie nämlich den Schluss, dass für die enttäuschende Entwicklung der gestaltenden Staatsausgaben keine externen Faktoren, sondern politische Entscheidungen verantwortlich waren. Nicht Demografie oder Globalisierung hinderten die Politik daran, wieder verstärkt in Gestaltung zu investieren. Verantwortlich war stattdessen der institutionell unterfütterte Wille, ausgeglichene Haushalte durch eine strenge Kontrolle der Staatsausgaben zu sichern.

Marktliberale Überschussvisionen setzen sich durch

Die Überschüsse und die mit ihnen verbundene Zinsersparnis wurden also kaum für neue Gestaltungsausgaben genutzt. Auch die Sozialausgaben stiegen nur langsam. Stattdessen floss der Großteil der Überschüsse in einen Rückgang der Staatseinnahmen, das heißt in Steuersenkungen. Nachdem die Steuereinnahmen bereits während der Konsolidierung nur wenig gestiegen waren, ging ihr Anteil am Bruttoinlandsprodukt im Überschuss spürbar zurück. Zwischen 1998 und 2007 sanken die konjunkturbereinigten Einnahmen in den sechs Ländern, die in dieser Zeit Überschüsse erzielten, im Schnitt um 1,2 Prozent des BIP. In den übrigen OECD-Mitgliedern stiegen die Staatseinnahmen in diesem Zeitraum dagegen leicht. Auch in der Schweiz sanken die Steuersätze in dieser Zeit spürbar, vor allem weil sich die Kantone einen heftigen Steuerwettbewerb liefern. Seit 2006 gingen sie dann allerdings nicht mehr weiter zurück.

Verantwortlich für den Rückgang der Steuereinnahmen waren vor allem Senkungen der Einkommen- und der Unternehmensteuer. So sank die Einkommensteuerbelastung eines kinderlosen Ledigen, dessen Einkommen exakt dem nationalen Durchschnitt entspricht, in den Überschussländern zwischen 2000 und 2009 um etwa vier Prozentpunkte, während sie in den übrigen Ländern praktisch konstant blieb (vgl. Abb. 2.7). Ganz ähn-

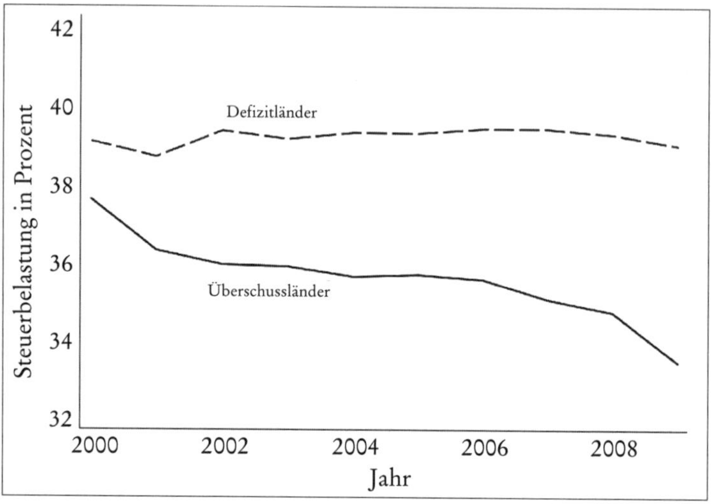

Quelle: OECD 2014

Abb. 2.7: Entwicklung der prozentualen Steuerbelastung (*tax wedge*) in Überschussländern und Defizitländern

lich entwickelten sich auch die Sätze für verheiratete Steuerzahler, solche mit Kindern und solche mit höheren Einkommen.

Diese Steuersenkungen wurden vor allem mit zwei Argumenten gerechtfertigt. Das erste Argument lautete, der Überschuss gehöre eigentlich den Steuerzahlern, weshalb es nur fair sei, ihn an sie zurückzugeben. Diese Position, die in Deutschland beispielsweise vom Bund der Steuerzahler unterstützt wird, vertrat am deutlichsten der australische Finanzminister Peter Costello, der die Steuersenkungen seiner Regierung als wohlverdiente Dividendenzahlung beschrieb: »Australische Steuerzahler sind die Anteilseigner Australiens und sie werden durch Steuersenkungen profitieren, wenn die Staatsschulden eliminiert werden.« (Zitiert in Gittins 1999)

Wenn der deutsche Begriff für ausgeglichene Haushalte, schwarze Null, bereits der Sprache der Geschäftswelt entlehnt ist, so trieb Costello diese Logik hier auf die Spitze, indem er die Sprache der Börse bemühte. In seiner Diktion sind die Steuerzahler nicht mehr Bürger, sondern Aktionäre. Und ihr Staat ist konsequenterweise nicht mehr Hüter des Gemeinwohls, sondern Profit-Center. Der Finanzminister wäre dann gewissermaßen der Chief Financial Officer der Australia Inc.

Deutlich weniger mit politischer Symbolik aufgeladen war das Motiv der Wettbewerbsfähigkeit, welches das zweite Argument für Steuersenkungen lieferte. Da es sich bei allen sieben Regimeländern um sogenannte »kleine, offene Volkswirtschaften« handelt, hat der internationale Wettbewerb, und damit auch der internationale Steuerwettbewerb, für sie eine enorme Bedeutung. Forderungen nach Steuersenkungen kamen deshalb nicht nur aus den Reihen der Unternehmen, sondern fanden Unterstützung seitens der Finanzbürokratie, der Wissenschaft und der Politikberatung. Zwei Argumente standen dabei im Vordergrund. Zum einen bestehe die Gefahr, dass Unternehmen ihre Produktion oder sogar ihre Hauptverwaltung ins Ausland verlagern könnten. Deshalb seien niedrigere Unternehmenssteuern nötig. Zum anderen müssten aber auch die ortsgebundenen Firmen fürchten, ihre besten Mitarbeiter zu verlieren, wenn diese hoch mobilen Spitzenkräfte durch höhere Nettogehälter ins Ausland gelockt würden. Auch die Einkommensteuersätze müssten daher sinken.

Diese Argumente wurden von allen führenden Parteien mehr oder weniger wörtlich übernommen. Geradezu paradigmatisch zeigte sich dies im Zuge des australischen Machtwechsels im Jahr 2007. Die scheidende konservative Regierung hatte ihre Steuerpolitik 2006 damit begründet, man wolle »Leistung belohnen, Arbeitsanreize erhöhen und die internationale Konkurrenzfähigkeit unserer Spitzensteuersätze verbessern«. Ihre sozialdemokratische Nachfolgerin versprach dann 2008 »ein gerechteres, einfacheres und effizienteres Steuersystem, das zur globalen Wettbewerbsfähigkeit unserer Volkswirtschaft beiträgt« (Australian Government, verschiedene Jahre).

Man könnte die Steuersenkungen nun als Beleg für eine zurückkehrende Handlungsfähigkeit des Staates interpretieren. Demnach hatten die Regierungen nun wieder die Möglichkeit, sich zwischen verschiedenen Handlungsalternativen zu entscheiden. Die Entscheidung für Steuersenkungen wäre dann eben ihre präferierte Option gewesen, die neuen Gestaltungsspielräume zu nutzen.

Die konvergierende Positionierung der Parteien, wie sie in Australien sichtbar wird, spricht jedoch gegen diese Interpretation. Sie wäre zutreffend, wenn sich die Wähler tatsächlich wieder zwischen mehreren Alternativen hätten entscheiden können und dabei eben dem Angebot steuersenkender Parteien gefolgt wären. In diesem Fall müsste der gewachsene Gestaltungsspielraum aber in wachsenden Unterschieden zwischen den Parteien sichtbar werden. Wenn das inhaltliche Zusammenrücken der Parteien vor allem durch fiskalische Sachzwänge verursacht war, dann sollte die Linderung dieser Zwänge schließlich wieder zu größerer Divergenz führen. Tatsächlich wuchsen die Unterschiede zwischen den Parteien nach dem Ende der Konsolidierung jedoch kaum.

Auch statistisch gesehen, macht die Parteizugehörigkeit der Regierung fast keinen Unterschied für die Entwicklung der Staatstätigkeit im Überschuss. Nicht nur staatskritische konservative Parteien, sondern auch staatsfreundliche linke Parteien verwendeten einen größeren Teil der Überschüsse für Steuersenkungen als für eine Erhöhung der gestaltenden Staatsausgaben.

Die Ungleichheit wächst

Die Entscheidung, einen Großteil der Überschüsse für Steuersenkungen statt für höhere Ausgaben zu verwenden, betraf nicht nur die Gestaltungsfähigkeit des Staates. Sie blieb auch nicht ohne Auswirkungen auf seine Umverteilungsleistung. Denn die Sparmaßnahmen während der Konsolidierung hatten seine Fähigkeit, lenkend in die Wirtschaft einzugreifen, bereits deutlich reduziert. Die beschriebene Verwendung der Überschüsse sorgte nun dafür, dass diese Fähigkeit nicht etwa wieder gestärkt wurde, sondern weiter erodierte.

Besonders deutlich zeigt sich diese Schwächung des Staates anhand der Entwicklung der ökonomischen Ungleichheit. Dabei fielen die Überschüsse in eine Zeit, in der die Ungleichheit noch nicht zu dem prominenten politischen Thema geworden war, das sie heute sowohl international als auch in Deutschland ist (Piketty 2014; Fratzscher 2016). Umso ernüchternder ist die Entwicklung der Ungleichheit in den Überschussländern. Ausgeglichene Etats trugen nämlich nicht etwa dazu bei, deren Anstieg zu bremsen, sondern gingen sogar mit einer besonders starken Zunahme der Ungleichheit einher.

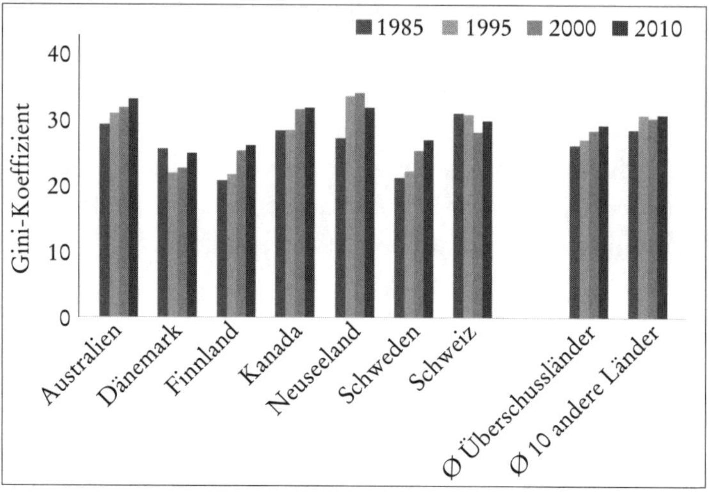

Quelle: Luxembourg Income Study 2015

Abb. 2.8: Entwicklung der Einkommensungleichheit nach Steuern und Transfers in den Überschussländern

Zwischen 1995 und 2010 stieg die Ungleichheit der verfügbaren Einkommen in den Überschussökonomien sehr viel stärker als in den übrigen entwickelten Demokratien (in der Schweiz setzte dieser Anstieg erst nach dem Jahr 2000 ein, vgl. Abb. 2.8). Waren die Überschussländer im Durchschnitt noch Mitte der neunziger Jahre sehr viel egalitärer als die übrigen OECD-Mitglieder, war dieser Unterschied im Jahr 2010 fast vollständig verschwunden.

Verantwortlich dafür war nicht etwa ein besonders starker Anstieg der Marktungleichheit, das heißt der Ungleichheit vor Steuern und staatlichen Transfers. Diese Form der Ungleichheit nahm in den Überschussländern nicht schneller zu als in ihren Nachbarstaaten. Stattdessen wurde der besonders starke Anstieg der Ungleichheit der verfügbaren Einkommen durch eine Reduktion der staatlichen Umverteilungsleistung ausgelöst. Laut einer Studie der OECD ging diese Umverteilungsleistung zwischen 1995 und 2005 – also genau in der Zeit der Überschussperioden – in allen fünf Überschussländern, für die entsprechende Daten vorliegen (Neuseeland fehlt), zurück (OECD 2011, S. 269). Außer in Finnland war der Rückgang der staatlichen Umverteilung sogar überall größer als der Anstieg der Marktungleichheit. Der Rückzug des Staates war demnach der wichtigste Faktor für die Erklärung der wachsenden Ungleichheit.

Diese Entwicklung zeigt noch einmal besonders deutlich, dass die beschriebene Verwendung der Überschüsse kaum als Ausdruck wachsender Handlungsfähigkeit gelten kann. Sowohl der Bedarf für Investitionen als auch der Bedarf für Umverteilung waren während der Konsolidierung gewachsen. Die Fähigkeit des Staates, auf diesen Bedarf auch tatkräftig zu reagieren, war jedoch deutlich gesunken.

Überschüsse stellten also nicht das versprochene Allheilmittel dar, von dem alle Bürger profitierten. Stattdessen hatten sie klare Verteilungswirkungen und hinterließen sowohl Gewinner als auch Verlierer. Zu den Gewinnern zählten vor allem diejenigen, die nicht auf staatliche Leistungen angewiesen waren und die von Steuersenkungen profitierten. Dagegen fanden sich die Verlierer vor allem unter denjenigen, die wenig Steuern zahlten und nicht in der Lage waren, staatliche Infrastruktur durch private Angebote zu ersetzen.

Die Entstehung von Überschüssen prägt ihre Verwendung

Um die enttäuschende Entwicklung der gestaltenden Staatsausgaben, die politische Dominanz von Steuersenkungen und die daraus folgenden verteilungspolitischen Konsequenzen zu erklären, ist es hilfreich, zum oben beschriebenen Konzept der Pfadabhängigkeit zurückzukehren. Denn die Verwendung der Überschüsse stand in einem engen Zusammenhang mit ihrer Entstehung.

Die ausgabenseitige Haushaltskonsolidierung der Überschussländer war mit einer Neudefinition der Rolle des Staates in Wirtschaft und Gesellschaft verbunden gewesen. Der Staat hatte sich aus wichtigen Feldern der Daseinsvorsorge zurückgezogen und sein Engagement in anderen Bereichen deutlich reduziert. In vielen Fällen wurde dies sogar als Fortschritt angesehen, weil so die Wahlfreiheit der Bürger erhöht wurde. Eine Nachfrage nach diesen Leistungen bestand schließlich nach wie vor. Sie wurde nun aber auf dem freien Markt erfüllt, der eine viel größere Zahl individuell zugeschnittener Angebote bereitstellen konnte – entsprechende Zahlungsfähigkeit der Bürger vorausgesetzt.

Die Konsolidierung zwang die Bürger somit, sich nach privaten Alternativen zu staatlichen Programmen umzusehen – nach privaten Rentenversicherungen, privaten Bildungsangeboten und privater Kinderbetreuung. Nachdem sich diese Alternativen etabliert hatten, gab es für deren Kunden wenig Grund, zu einem staatlichen Einheitsangebot zurückzukehren. Das galt jedenfalls für diejenigen, die gebildet und zahlungskräftig genug waren, um von den neuen Möglichkeiten zu profitieren.

Ihnen bot die »Revolution der Wahlfreiheit« (so der schwedische Ministerpräsident Carl Bildt) tatsächlich sichtbare Vorteile (Blomqvist 2004). War die politische Unterstützung für Investitionen schon vor der Konsolidierung fragil gewesen – nur deshalb war es ja möglich, sie so stark zu kürzen –, ging sie nach Abschluss der Konsolidierung daher noch weiter zurück – ein klassischer Fall von Pfadabhängigkeit.

Politisch hatte der Rückzug des Staates damit zwei Effekte: Zum einen wurde ein hohes verfügbares Einkommen für die Bürger immer wichtiger, um private Leistungen auch finanzieren zu können. Es ist deshalb nur konsequent, dass ein Großteil der Überschüsse in Steuersenkungen für die Mittelschicht floss, die auf wachsende Kaufkraft angewiesen war, um ehemals staatliche Dienstleistungen nun auf dem Markt zu erwerben. Die Privatisierung von Teilen der öffentlichen Daseinsvorsorge verstärkte also den Wunsch nach niedrigeren Steuern.

Zum anderen verlor der Staat seine Rolle als natürlicher Adressat von Unzufriedenheit. Waren die Bürger in den alten, universellen Systemen öffentlicher Daseinsvorsorge gezwungen gewesen, Unmut durch »Voice« innerhalb des Systems zu artikulieren, bot sich ihnen nun die Möglichkeit, das System durch »Exit« zu ver- und mit seinen Problemen zurückzulassen (Hirschman 1970). Wer seine Kinder auf eine öffentliche Schule schickt, der setzt sich naturgemäß für höhere staatliche Ausgaben im Bildungsbereich ein. Gehen die Kinder jedoch auf eine Privatschule, ist man viel eher bereit, auf solche Ausgabensteigerungen zu verzichten.

Das heißt nicht, dass Staatstätigkeit insgesamt plötzlich unpopulär geworden wäre. In allen Ländern mit Überschussregimen verteidigten große Mehrheiten der Bevölkerung die Errungenschaften des Wohlfahrtsstaates gegen weitere Kürzungsbestrebungen. Bestehende Staatsausgaben zu verteidigen ist aber etwas ganz anderes, als neue Staatsausgaben zu unterstützen. Der gestaltende Staat blieb weiterhin in der Defensive. Diese Defensive wurde dank der sinkenden Staatsverschuldung auch immer stabiler. Wieder in die Offensive zu kommen gelang Anhängern einer progressiven Überschussvision aber nicht.

Entstehung, Verwendung und Bewahrung von Überschüssen waren in Überschussregimen somit in einer Positivschleife miteinander verbunden: Die Kürzungen der Konsolidierungsphase führten zur Entwicklung privater Alternativangebote und damit zum Wunsch nach höherer Kaufkraft. Die Überschüsse stellten die nötigen Mittel bereit, um die gewünschten Steuersenkungen zu finanzieren. Und das Versprechen, Überschüsse für eine Linderung der Steuerlast zu nutzen, erzeugte die nötige politische Unterstützung dafür, sie weiter zu bewahren.

Das vorläufige Ende der Überschussregime

Auch wenn die Verwendung und die Bewahrung von Überschüssen einander gegenseitig verstärkten, müssen selbst Überschussregime irgendwann ein (vorläufiges) Ende finden. Während die Schweiz ihre Überschüsse trotz der Weltfinanzkrise des Jahres 2008 bewahren konnte, wurden die sechs anderen Staaten ein Opfer dieses fiskalpolitischen Megaschocks. Bis dahin hatten diese

Länder ihre Überschüsse auch über die Aufs und Abs des Konjunkturzyklus hinweg verteidigt. Die fiskalischen Auswirkungen dieser Krise waren jedoch so groß, dass eine weitere Bewahrung der Überschüsse ausgeschlossen war.

Mit dem von der Krise ausgelösten Rückgang des Bruttoinlandsprodukts waren nicht nur ein Anstieg der Arbeitslosigkeit und damit auch der Sozialausgaben sowie ein Einbruch der Steuereinnahmen verbunden. Viele Regierungen griffen auch zu Konjunkturprogrammen, um ihre Wirtschaft zu stabilisieren, oder mussten größere Mittel für die Rettung angeschlagener Banken aufbringen. All diese Faktoren trugen dazu bei, dass die Länder wieder in tiefe Defizite stürzten und dort für längere Zeit verharrten.

Auch Überschussregime bestehen also nicht für immer. Der entscheidende Unterschied zu Überschussepisoden besteht jedoch darin, dass für die neuerlichen Defizite ein externer Schock verantwortlich war, der mit nationalen fiskalpolitischen Entscheidungen wenig zu tun hatte. Wie wenig Einfluss die Länder selbst hatten, zeigt schon die Tatsache, dass alle sechs vollkommen parallel in die roten Zahlen zurückkehrten. Außer in der Schweiz, wo die Staatseinnahmen trotz der Rezession erstaunlich stabil blieben, gab es nur sehr wenig Raum für spezifisch nationale Reaktionen.

In Überschussepisoden war dagegen die Fiskalpolitik selbst für die neuerlichen Defizite verantwortlich. Es gab hier keinen externen Schock, demgegenüber nationale Politik vollkommen machtlos gewesen wäre. Zwar waren Überschussepisoden eng mit dem Konjunkturzyklus verbunden und endeten stets, sobald die Wirtschaft in eine Rezession rutschte. Beispielsweise verloren die USA und Großbritannien ihre vermeintlich historischen Überschüsse nach dem Platzen der New-Economy-Blase im Jahr 2001. Es wäre jedoch durchaus möglich gewesen, die Überschüsse auch in dieser Rezession zu bewahren. Das zeigen die Beispiele Schweden und Finnland, die als Standorte von Konzernen wie Ericsson und Nokia ebenfalls spürbar unter dem Ende des IT-Booms litten.

In diesen Ländern konzentrierte sich die Politik jedoch darauf, den Überschuss auch im Abschwung zu verteidigen. Dagegen setzte die Regierung Bush zwei umfangreiche Steuersenkungsprogramme durch und marschierte im Irak ein. Die Regierung Blair wiederum erhöhte die britischen Staatsausgaben so stark, dass schwächelnde Steuereinnahmen nicht mehr mit ihnen Schritt halten konnten. Es waren also politische Entscheidungen, die für das frühe Ende der amerikanischen und britischen Überschüsse verantwortlich waren. Solange die Sonne des Aufschwungs über diesen Volkswirtschaften schien, konnten sie trotz solcher Entscheidungen Überschüsse erzielen. Sobald sich der konjunkturelle Himmel verdunkelte, forderten die großen Steuerreformen und Ausgabenprogramme jedoch ihren Tribut.

Demgegenüber besteht kein Grund anzunehmen, dass es in den Staaten mit Überschussregimen ohne den Schock der Weltfinanzkrise zu ähnlichen Entscheidungen gekommen wäre. Das Ende der Überschüsse in diesen Ländern hatte mit großen Ausgabenprogrammen oder überdimensionierten Steuersenkungspaketen nichts zu tun. Deshalb besteht auch kein Widerspruch zwischen dem Ende dieser Überschüsse und der zuvor beschriebenen Abfolge dauerhafter Weichenstellungen. Diese Weichenstellungen waren tatsächlich so dauerhaft, wie oben dargestellt. Was die Länder dennoch aus der Spur riss, war schlicht der größte makroökonomische Schock seit den dreißiger Jahren.

Dauerhafte Überschüsse bedeuten dauerhafte Austerität

Die Erfahrungen anderer Länder mit Überschüssen liefern eine Reihe wichtiger Fingerzeige für die Frage, was wir von Deutschlands schwarzer Null erwarten dürfen. Sie widerlegen sehr deutlich die Vorstellung, Deutschlands ausgeglichener Haushalt sei ein einzigartiges Ereignis. Nicht nur sind ausgeglichene Haushalte viel weniger selten, als man häufig annimmt. Deutschlands schwarze Null fügt sich auch sehr gut in das Muster der hier vorgestellten Fälle ein. Die parteiübergreifend geteilte Begeisterung für Überschüsse, die spiegelbildliche Ablehnung von Defiziten und die von den Überschüssen ausgelöste Zukunftseuphorie sind allesamt keine deutschen Alleinstellungsmerkmale. Ganz ähnliche Reaktionen gab es in Ländern, die dauerhaft schwarze Zahlen schrieben, aber auch dort, wo Staaten rasch wieder in die roten Zahlen rutschten.

Überschüsse langfristig zu erhalten war dabei alles andere als selbstverständlich: Lediglich in sieben der insgesamt siebzehn Überschussperioden waren ausgeglichene Haushalte von Dauer. In zehn Fällen blieben sie bloße Episode. Nur eine sehr spezifische Kombination struktureller Voraussetzungen und politischer Entscheidungen ermöglichte es, Defizite über einen längeren Zeitraum hinweg zu vermeiden.

Konkret erlebten Länder mit dauerhaften Überschüssen tiefe fiskalische Verwerfungen, auf die sie mit umfangreichen Sparmaßnahmen reagierten. Dabei legten sie die Axt vor allem an die Staatsausgaben und insbesondere an die öffentlichen Investitionen. Nachdem sie den Haushalt ausgeglichen hatten, schnürten diese Länder ihre Fiskalpolitik zudem in ein enges Korsett aus neuen Budgetregeln. Außerdem entwickelten ihre Finanzminister ein ganzes Arsenal von Strategien, um die wahre Größe der Überschüsse zu verschleiern. Gleichzeitig verzichteten sie darauf, mit den Überschüssen größere neue Ausgabenprogramme zu finanzieren. Wenn sie die Überschüsse ausgaben, dann floss ein Großteil des Geldes in Steuersenkungen.

Darin zeigt sich ein Motiv, das sich wie ein roter Faden durch die zwei Jahrzehnte vom Beginn der Konsolidierung bis zum vorläufigen Ende der Überschüsse in der Finanzkrise von 2008 zieht. Dieses Motiv ist Skepsis gegenüber dem Staat. Zwar wären wenige Politiker in den Überschussländern so weit gegangen wie Ronald Reagan, der die Regierung in seiner Antrittsrede nicht als Lösung des Problems, sondern als das Problem selbst bezeichnet hatte (Reagan 1981). Nichtsdestotrotz waren sie ausgesprochen zögerlich, die Ressourcen des Staates für gesellschaftliche Projekte zu mobilisieren. Das Vertrauen in die Fähigkeiten eines starken Staates hatte in der Krise der späten achtziger und frühen neunziger Jahre tiefe Risse bekommen.

Aus diesem Grund besteht auch eine große Kontinuität zwischen den Maßnahmen der Konsolidierung und der späteren Verwendung der Überschüsse. Die Teile des Staatshaushalts, die wie etwa die Einkommensteuer besonders wenig zur Konsolidierung herangezogen wurden, profitierten besonders stark von Überschüssen. Dagegen konnten die Bereiche, die wie die Investitionen in der Konsolidierung besonders stark gekürzt wurden, kaum an den Überschüssen partizipieren.

Dabei hatte es auch in diesen Ländern nicht an Hoffnungen gefehlt, die Aktivitäten des Staates würden in Zukunft nicht nur wieder stärker gestaltbar sein, sondern tatsächlich auch stärker gestaltend wirken. Wo wären die Ausgangsvoraussetzungen für eine progressive Überschussvision schließlich besser gewesen als im seit jeher sozialdemokratisch dominierten Schweden? Die schwedischen Sozialdemokraten unterschätzten jedoch ebenso wie ihre Genossen in den anderen Überschussländern, wie sehr die Festlegung auf andauernde Überschüsse ihre Handlungsfreiheit in anderen Politikfeldern einschränkte. Dagegen erwiesen sich die Überschüsse für marktliberale Kräfte als Win-win-Situation. Die Verpflichtung auf Überschüsse erzeugte nicht nur einen permanenten Spardruck auf die Ausgabenseite des Budgets, sie kreierte gleichzeitig auch Ressourcen, die für Steuersenkungen verwendet werden konnten.

Wäre es für progressive Kräfte demnach besser gewesen, wenn ausgeglichene Budgets Episode geblieben wären? Diese These zu vertreten hieße, das Kind mit dem Bade auszuschütten. Denn die zurückkehrenden Defizite erzeugten in den Ländern mit Überschussepisoden rasch neuerlichen Kürzungsdruck, unter dem wiederum die öffentlichen Investitionen zu leiden hatten. So konnte Tony Blair die britischen Überschüsse zwar für einen deutlichen Ausbau des vorsorgenden Sozialstaats nutzen. Kaum ein anderes Land erhöhte seine harten und weichen Investitionen so stark wie Großbritannien in den Jahren 2000 bis 2004. Weil ihm die nötigen fiskalischen Spielräume fehlten, war das Vereinigte Königreich nach dem Ausbruch der Finanzkrise jedoch zu einem der härtesten Sparprogramme in der westlichen Welt gezwungen.

Die Diagnose, dass Defizite die Handlungsfähigkeit des Staates immer weiter einschränken, ist also vollkommen zutreffend. Das macht die Prognose, Überschüsse würden Handlungsfähigkeit zurückbringen, aber nicht richtig. Auch ein Staat mit einem Haushaltsplus kann in einer Austeritätsspirale gefangen bleiben.

Ohnehin befinden sich die westlichen Demokratien nach Ansicht des amerikanischen Politikwissenschaftlers Paul Pierson heute in einem »Zeitalter permanenter Austerität« (Pierson 1998). Damit meint Pierson, dass Spardruck auf den öffentlichen Haushalt heutzutage kein temporäres Phänomen, etwa nach einer Rezession oder einer Bankenkrise ist, sondern eine strukturelle und dauerhafte Kontextbedingung staatlicher Finanzpolitik.

Vereinfacht gesagt: In den Zeiten des wachsenden Wohlfahrtsstaates bis Mitte der siebziger Jahre war das natürliche Wachstum der Staatseinnahmen tendenziell höher als das Wachstum der Staatsausgaben. Das erlaubte es der Politik, neue Ausgabenprogramme zu beschließen, ohne dafür Steuererhöhungen durchsetzen zu müssen. Heute dagegen ist das Gegenteil der Fall: Das automatische Wachstum der Staatsausgaben ist strukturell größer als das automatische Wachstum der Einnahmen. Sparpakete haben deshalb nur den Zweck, den Anstieg der

Staatsausgaben zu verlangsamen, schaffen aber keine dauerhaften neuen Spielräume.

An diesen grundlegenden Zusammenhängen ändert auch ein Überschuss nichts. Permanente Überschüsse waren deshalb kein Widerspruch zu permanenter Austerität, sondern verkörperten sie geradezu. Genau das rechtfertigt es auch, diese Überschüsse als ein Regime zu charakterisieren: Sie bestanden nicht losgelöst von anderen fiskalpolitischen Großtrends, sondern waren aufs Engste mit diesen verknüpft und verstärkten sie sogar. Sie waren der Ausdruck einer neuen, reduzierten Rolle des Staates und schienen zugleich zu belegen, wie erfolgreich dieses neue Rollenverständnis war. Statt die progressive Vision eines gestaltungswilligen und leistungsfähigen Staates zu stärken, beförderten die Überschüsse eine marktliberale Vision, in welcher der Staat dem freien Spiel der Marktkräfte zunehmend mehr Raum gibt.

3. Die Zukunftsaussichten der schwarzen Null

Blickt man durch die Linse des vorangegangenen Kapitels auf Deutschlands schwarze Null, stellen sich vor allem zwei Fragen. Erstens, wie wahrscheinlich es ist, dass Deutschland dauerhaft neue Defizite vermeidet, sich also ein Überschussregime entwickelt. Und zweitens, ob sich die mit dauerhaften Überschüssen verbundenen Erwartungen in diesem Fall erfüllen würden und welcher Preis dafür zu zahlen wäre.

Dieses abschließende Kapitel versucht, Antworten auf beide Fragen zu formulieren. Notgedrungen kommt dabei ein gehöriges Maß an Spekulation ins Spiel, hängt die Entwicklung der Staatsfinanzen doch von einer Vielzahl von Faktoren ab, die zudem nicht alle von der Politik beeinflusst werden können. Das erschwert ein qualifiziertes Urteil, macht es jedoch nicht unmöglich. Man kann nämlich versuchen, die vorhandenen Unsicherheiten zu berücksichtigen, indem man Chancen und Risiken gegeneinander abwägt. Eine solche Abwägung ist insbesondere für die Frage wichtig, ob eine dauerhafte Bewahrung der schwarzen Null überhaupt ein wünschenswertes Ziel ist.

Überschussregime oder Überschussepisode?

Nimmt man die Erfahrungen anderer Länder zum Maßstab, stehen die Chancen, dass neu erzielte Überschüsse bloße Episode bleiben, a priori fast zwei zu eins. Nur in etwas mehr als einem Drittel aller Fälle wurden Überschüsse dauerhaft bewahrt. Das Versprechen, ausgeglichene Haushalte würden nun zum Regelfall der deutschen Fiskalpolitik, wird also nicht leicht zu halten sein.

Die Zukunftsaussichten der schwarzen Null sind insofern schon aus strukturellen Gründen zurückhaltend zu beurteilen. Ganz akut bietet vor allem die Flüchtlingskrise Anlass zu Vorsicht. Angesichts der von dieser Krise ausgelösten Unwägbarkeiten lassen sich die Aussichten auf eine Bewahrung der deutschen Überschüsse nur ausgesprochen schwer einschätzen. Dennoch lohnt es, die Effekte der Flüchtlingspolitik auf Deutschlands schwarze Null genauer zu betrachten. Denn diese dürften überraschend sein.

Rein ökonomisch gesehen, reduziert die Aufnahme von Flüchtlingen die Chancen auf dauerhafte Überschüsse. Mit ihr sind Milliardenkosten verbunden, die zwar einen gewissen Konjunkturimpuls entfalten, denen jedoch bei Weitem keine zusätzlichen Steuereinnahmen in gleicher Höhe gegenüberstehen. Aus dieser Perspektive gerät die schwarze Null somit unter zusätzlichen Druck.

Neben ökonomischen hat die Krise aber auch politische Effekte, die genau entgegengesetzt wirken könnten. Dann würde der von ihr ausgelöste Kraftakt den Willen, an der schwarzen Null festzuhalten, sogar vergrößern. Angesichts des wachsenden Widerstands gegen die Aufnahme weiterer Flüchtlinge kann es politisch geradezu geboten sein, die damit verbundenen Kosten ohne neue Schulden zu finanzieren. Wenn die Flüchtlingspolitik nämlich zum Verlust der schwarzen Null, einem der wenigen großen Erfolge der Großen Koalition, führen sollte, droht die Kritik an dieser Politik weiter zuzunehmen. Nach Ansicht der *Süddeutschen Zeitung* wirkt der ausgeglichene Haushalt deshalb wie ein »letzter Damm« in der Flüchtlingskrise: »Bricht er, wächst nicht nur in Deutschland der Frust gegen Flüchtlinge weiter.« (Gammelin 2016)

Anzeichen dafür, dass Finanzministerium und CDU dieser Logik folgen, gibt es bereits. So entschied Wolfgang Schäuble, aus dem Haushaltsüberschuss des Jahres 2015 eine Rücklage für die Kosten der Aufnahme von Flüchtlingen zu bilden, um auch 2016 – und möglicherweise sogar 2017 – einen ausgeglichenen Haushalt ausweisen zu können. Forderungen, die immerhin zwölf Milliarden Plus aus dem Jahr 2015 anderweitig zu verwenden, erteilte der Finanzminister unter Verweis auf die Zahl der Flüchtlinge regelmäßig eine Absage. In den koalitionsinternen Verhandlungen über den Etatentwurf für 2017 bezeichnete er Sigmar Gabriels Forderungen nach einem »Solidaritätspaket« sogar als »erbarmungswürdig« (Schäfers 2016). Ein großkoalitionärer Kompromiss erlaubte es schließlich beiden Seiten, ihr Gesicht zu wahren: Obwohl die SPD einige Milliarden für ihre Projekte herausholen konnte, steht auf dem Papier der mittelfristigen Finanzplanung bis 2020 jedes Jahr eine schwarze Null – trotz der bereits einkalkulierten Kosten der Aufnahme von Flüchtlingen (Bundesministerium der Finanzen 2016a). Angela Merkels »Wir schaffen das« wird in der Haushaltspolitik also um den Zusatz »... ohne neue Schulden« ergänzt.

Paradoxerweise könnten die unvorhergesehenen Milliardenkosten ein entstehendes Überschussregime damit sogar stärken. Das wäre nicht ohne historisches Beispiel: Eine ähnliche Entwicklung erlebte Australien im Zuge der Krise auf der geteilten Insel Timor in den Jahren 1999 und 2000. Damals übernahm das Land die Führung der UN-Mission INTERFET und stationierte insgesamt 5500 Soldaten in Osttimor (bei einer australischen Bevölkerung von damals etwa 19 Millionen Einwohnern). Durch die damit verbundenen Kosten gerieten Australiens junge Überschüsse unter erheblichen Druck.

Statt neuerliche Defizite zuzulassen, bekundete die Regierung jedoch ihre Entschlossenheit, an ausgeglichenen Budgets festzuhalten. Sie kündigte sogar an, eine Sondersteuer mit dem Namen »Timor Tax« einzuführen, um den Militäreinsatz zu finanzieren (Costello 2000). Nachdem der Haushalt sich besser entwickelte, als erwartet, konnte sie auf diese Steuer letztlich verzichten. Gleichwohl hatte diese Episode dem politischen Bekenntnis zu Überschüssen noch einmal deutlich den Rücken gestärkt.

Die Effekte der Flüchtlingskrise auf die Zukunftschancen der schwarzen Null sind insofern weniger klar, als es auf den ersten Blick scheint. Berücksichtigt man ihre politischen Folgewirkungen, muss sie keineswegs das schnelle Ende deutscher Überschüsse bedeuten. Sollte Deutschland seine Überschüsse allerdings bereits 2017 wieder verlieren, würde dies zweifellos dennoch den Kosten der Flüchtlingspolitik zugeschrieben werden. Das wäre jedoch ein Fehlurteil. Zwar mag die Aufnahme der Flüchtlinge zweistellige Milliardenbeträge kosten. Sie für das Ende der schwarzen Null verantwortlich zu machen hieße aber, den Anlass mit der Ursache zu verwechseln. Der eigentliche Grund für neue Defizite wäre das

Fehlen der strukturellen Voraussetzungen für dauerhafte Überschüsse. Ein robustes Überschussregime würde ausgeglichene Haushalte dagegen trotz – oder gerade wegen – der Kosten der Flüchtlingspolitik verteidigen.

Das heißt nicht, dass neue Schulden angesichts dieser Ausnahmesituation ein Fehler wären. Internationale Krisen sind neben Naturkatastrophen die Rechtfertigung par excellence für staatliche Verschuldung. Neue Defizite könnten daher geradezu ein Akt finanzpolitischer Klugheit sein. Sie wären aber genau das: ein politischer Akt, keine alternativlose Notwendigkeit. Angesichts des Triumphalismus, mit dem die Große Koalition ihren Überschuss gefeiert hat, würde sie diese Defizite jedoch unzweifelhaft als Ergebnis unkontrollierbarer externer Umstände präsentieren.

Sinnvoller wäre es stattdessen zu fragen, ob Deutschland sich nicht bereits 2014 auf einem anderen Weg befand als die Länder mit Überschussregimen. Ein hypothetischer Nachruf auf die schwarze Null müsste sich daher vor allem mit den Entstehungsbedingungen des deutschen Haushaltsplus und den von diesen erzeugten Pfadabhängigkeiten beschäftigen. Dabei würde eine wichtige Rolle spielen, dass Deutschland anders als Kanada, Schweden oder Neuseeland keine Verschuldungskrise im eigenen Land erlebt hat. Zwar haben die dramatischen Ereignisse an Europas Peripherie große Aufmerksamkeit für die Gefahren einer Staatsüberschuldung erzeugt; im Alltag der deutschen Bürger waren ihre Auswirkungen allerdings kaum zu spüren. Während Griechenland in immer tiefere Probleme stürzte, ging es der deutschen Wirtschaft unverändert gut.

Dagegen könnte man einwenden, dass die fiskalischen

Schwierigkeiten der Überschussregimeländer bei Weitem nicht das Ausmaß der Eurokrise erreichten. Keines der untersuchten Länder musste unter einen internationalen Rettungsschirm fliehen, keine Regierung auf Druck der Finanzmärkte zurücktreten. Populistische Anti-Eliten-Parteien erzielten zwar Stimmgewinne, jedoch längst nicht in einem ähnlichen Umfang wie in vielen von der Eurokrise betroffenen Staaten.

Dennoch erscheint es unwahrscheinlich, dass die fehlende Erfahrung schwerer fiskalischer Probleme im eigenen Land durch noch schlimmere Probleme in Nachbarländern aufgewogen werden kann. Der Erfolg einer andauernden Sparpolitik hat in Deutschland schlicht nicht dieselbe existenzielle Bedeutung wie in Staaten, die selbst in den fiskalpolitischen Abgrund geblickt haben.

Dazu trägt auch bei, dass die deutsche Konsolidierung nicht tiefen Einschnitten, sondern vor allem günstigen Rahmenbedingungen zu verdanken war. In den Überschussländern sorgten die Kürzungen dafür, dass die Bürger private Alternativen zur staatlichen Daseinsvorsorge entwickeln mussten, was entsprechende Pfadabhängigkeiten in Gang setzte. Diese Entwicklung ist in Deutschland viel schwächer ausgeprägt und auf einzelne Politikfelder wie die Rente beschränkt.

Deshalb sollte man sich von politischen Absichtserklärungen, an der schwarzen Null festzuhalten, nicht täuschen lassen. Dabei handelt es sich in der Regel um reine Rhetorik. Die Begeisterung über ausgeglichene Haushalte, die mit ihnen verbundenen Hoffnungen und das Bekenntnis zu ihrer dauerhaften Bewahrung waren in der Überschussepisode der USA nicht weniger inbrünstig als zeitgleich in Kanada. Was Kanada von seinem großen Nachbarn unterscheidet, waren strukturelle Voraussetzungen, nicht politische Rhetorik. Dass die deutsche Regierung sich rhetorisch immer wieder zu einer Fortsetzung der aktuellen Haushaltspolitik bekennt, bedeutet also wenig.

Allem Überschusspathos zum Trotz sind Union und SPD durch die Entstehungsgeschichte der schwarzen Null nämlich nur verhältnismäßig lose auf einen permanenten Austeritätskurs festgelegt. Die Erfahrung lehrt, dass Parteien Erfolge wie eine schwarze Null immer dann besonders hartnäckig verteidigen, wenn sie große Mengen politischen Kapitals in deren Erzielung investieren mussten. Ein Kurswechsel würde dieses investierte Kapital nämlich entwerten. Diese Konstellation gab es in Überschussregimen, weil Überschüsse dort durch Kürzungen der Staatsausgaben zustande kamen, die in politischen Kämpfen auch gegen den Widerstand von Betroffenengruppen durchgesetzt wurden. Der Rückgang der deutschen Staatsausgaben in den Jahren vor 2014 war hingegen vor allem dem hohen Beschäftigungsstand und den historisch niedrigen Zinsen zu verdanken. Die CDU betrachtet ausgeglichene Haushalte zwar als Herzensangelegenheit, musste für deren Erzielung jedoch kaum kostspielige politische Opfer bringen, die sie nun auf eine Fortsetzung des Überschusskurses um beinahe jeden Preis festlegen würden. Ein fiskalpolitischer Kurswechsel würde für sie daher einen weniger dramatischen Gesichtsverlust bedeuten, als das für viele Überschussregierungen in den Jahren vor 2008 der Fall gewesen wäre.

Noch viel stärker gilt dasselbe für die SPD. Denn während die unmittelbare Entstehung der schwarzen Null vor allem günstigen Umständen zu verdanken ist, hat die strukturelle Verbesserung der deutschen Haushaltsposition durchaus mit den Reformen der Schröder-Regierung zu tun. Ohne die Einschnitte der Agenda 2010 wäre der Beschäftigungsstand heute vermutlich nicht so hoch und der Bundeszuschuss zu den Sozialversicherungen hätte entsprechend weniger stark sinken können. Die SPD hadert aber bis heute mit diesen Reformen und wurde von den Wählern bitter dafür bestraft. Die Reformen wirkten nämlich nicht schnell genug, als dass die SPD-geführte Regierung diese noch als ihren Erfolg hätte verbuchen können. Das war in den Ländern mit Überschussregimen ganz anders. Die kanadischen Liberalen oder die schwedischen Sozialdemokraten wurden trotz ihrer Sparprogramme wiedergewählt – auch deshalb, weil diese erfolgreich waren und die Regierungsparteien sich als Mütter des Überschusses profilieren konnten. Infolgedessen verschrieben sie sich nur umso stärker einer Fortsetzung der Sparpolitik. Dagegen dürfte der SPD eine Abkehr von diesem Kurs sehr viel leichter fallen als ihren Genossen in Überschussländern.

Es wird deshalb spannend sein zu beobachten, ob die SPD den Überschusskonsens aufkündigen wird, falls sie nach der Bundestagswahl 2017 in der Opposition landen sollte. Damit würde sie auch der Union Raum für einen etwas weniger dogmatischen Überschusskurs geben. Sollten die Parteien dagegen weiter in der Großen Koalition zusammenarbeiten, ist die Wahrscheinlichkeit deutlich größer, dass sich beide an der schwarzen Null festklammern, weil keine von ihnen ihre Verwendungsvorstellungen durchsetzen kann.

Die vergleichende Evidenz legt also nahe, dass Deutschland vermutlich nicht dem Pfad der aus Krisen heraus entstandenen Überschussregime folgen wird. Damit bleibt als plausibles Vorbild für dauerhafte deutsche Überschüsse allein die Schweiz. Auch die Eidgenossenschaft musste auf dem Weg zu ausgeglichenen Haushalten keine schweren fiskalischen Turbulenzen überstehen und auch sie konnte auf radikale Sparprogramme verzichten. Stattdessen wird der gegenwärtige Erfolg der schweizerischen Finanzpolitik in der wissenschaftlichen Literatur vor allem mit ihrem institutionellen Rahmen erklärt – mit dem Einfluss der direkten Demokratie, den kantonalen Schuldenbremsen und nicht zuletzt mit der 2003 in Kraft getretenen Schuldenbremse des Bundes.

Die Ausgestaltung der deutschen Schuldenbremse hat sich deshalb auch in vielen Aspekten an diesem Schweizer Vorbild orientiert. Dennoch gibt es gute Gründe, daran zu zweifeln, dass sie bereits der Schüssel zur dauerhaften Institutionalisierung ausgeglichener Haushalte ist. Ob diese neue Regel der deutschen Fiskalpolitik tatsächlich langfristig die Hände bindet, ist nämlich noch unklar, da sie sich bislang noch nicht in einem wirtschaftlichen Abschwung bewähren musste. Erst eine neuerliche Rezession wird zeigen, wie groß die Bindungskraft (und die Umgehungsresistenz) dieser Regel tatsächlich ist.

Die Kraft zu weiteren institutionellen Reformen hat der deutschen Politik seit dem erfolgreichen Abschluss der Haushaltskonsolidierung jedenfalls gefehlt. Stattdessen hat sie sich darauf konzentriert, andere Euroländer zu einer Verschärfung ihrer Fiskalregeln zu nötigen. Während die Überschussländer die Haushaltspolitik nach der Konsolidierung in ein immer engeres Korsett aus

Ausgabe- und Einnahmeregeln schnürten, verlässt sich Deutschland bislang auf die Defizitregel der Schuldenbremse.

Diese relative Passivität muss nichts Schlechtes sein. Sie bedeutet nämlich auch, dass die deutsche Politik sich verhältnismäßig mehr politische Handlungsfreiheit bewahrt hat als Länder mit detaillierten Vorschriften zu einzelnen Elementen des Haushalts. In einer Gesamtbewertung der Fiskalpolitik ist das durchaus positiv. Hat man allerdings das Ziel, die schwarze Null um jeden Preis zu bewahren, dann könnten weitere Reformschritte durchaus hilfreich sein.

Sollte die schwarze Null eine Episode bleiben, wären die eigentlichen Gründe dafür also in diesen strukturellen Voraussetzungen zu suchen und nicht in den Kosten der Flüchtlingspolitik. Die Opfer, die Deutschland für schwarze Zahlen erbringen musste, waren nicht groß genug, um ein Festhalten an Überschüssen um beinahe jeden Preis zu rechtfertigen. Neuerliche Defizite wären kein symbolischer »Beweis«, dass alle Reformanstrengungen vergebens waren, wie dies in Kanada oder Schweden der Fall gewesen wäre.

Andererseits unterscheidet sich Deutschlands Ausgangslage aber auch deutlich von Ländern wie den USA und weist insofern durchaus relevante Parallelen zum Schweizer Fall auf. Die in den Vereinigten Staaten zu beobachtende Leichtfertigkeit beim Umgang mit Überschüssen ist nach vierzig Jahren Verschuldungskritik und im immer noch aktuellen Kontext der Eurokrise kaum zu erwarten. Das zeigt sich vor allem daran, dass sich die deutsche Fiskalpolitik bereits stark an den informellen Methoden der Überschussbewahrung orientiert, die in den untersuchten Ländern sichtbar wurden. So betrugen allein die Überraschungsüberschüsse des Bundes in den Jahren 2014 und 2015 insgesamt 18 Milliarden Euro – 2014 wurde aus einem angepeilten Defizit von 6,5 Milliarden ein ausgeglichener Haushalt, 2015 stand statt einer Null am Jahresende ein Überschuss von 12 Milliarden Euro zu Buche.

Deshalb kam aber niemand auf den Gedanken, die Regierung für ihre schlechte Planung zu kritisieren, wie dies bei einer Abweichung in die andere Richtung selbstverständlich gewesen wäre. Stattdessen lobte der CSU-Abgeordnete Reinhard Brandl:

> »Seitdem Wolfgang Schäuble im Amt ist, seit fünf Jahren, war der Abschluss am Ende immer besser als der Plan. Das kann man nicht mehr mit Glück erklären. Das hat System. Das ist ein Zeichen von vorsichtiger und solider Haushaltspolitik.« (Deutscher Bundestag 2015b)

Auch hinsichtlich der Praxis, Einnahmen und Ausgaben zwischen den Haushaltsjahren zu verschieben, um aktuelle Überschüsse in zukünftige Überschüsse zu verwandeln, ist Wolfgang Schäuble bereits ein gelehriger Schüler seiner Kollegen in anderen Ländern. Zwar blieb der Zwölf-Milliarden-Überschuss des Jahres 2015 der deutschen Öffentlichkeit nicht verborgen. Indem Schäuble ihn jedoch in eine Rücklage für die Kosten der Flüchtlingskrise überführte, unterband er sogleich Debatten über seine Verwendung. Gleichzeitig erhöhte er seine Chancen, auch 2016 einen ausgeglichenen Haushalt zu erreichen. Aus einem Überschuss werden so gleich zwei ausgeglichene Haushalte – eine politisch sehr viel attraktivere Lösung (Frankfurter Allgemeine Zeitung 2016).

Zudem bemüht sich der Finanzminister immer wieder, die Fragilität des ausgeglichenen Haushalts zu betonen. Dazu verweist er auf die Flüchtlingskrise oder auf den Tragfähigkeitsbericht seines Ministeriums, der bis 2060 einen starken Anstieg der Staatsverschuldung für möglich hält und in den Medien von einer neuen Welle von Griechenlandvergleichen begleitet wurde (Frankfurter Allgemeine Zeitung 2016). Der Wille, die Gestaltungsmöglichkeiten des Finanzministeriums einzusetzen, um das Symbol der schwarzen Null zu verteidigen, ist offenbar vorhanden.

Angesichts der sichtbaren Unterschiede zu den Erfahrungen der Überschussregime der neunziger Jahre auf der einen und der nicht zu leugnenden Parallelen zu den jüngeren Überschüssen der Schweiz auf der anderen Seite, muss letztlich offenbleiben, ob Deutschland seine Überschüsse über das Jahr 2016 hinaus bewahren wird. Dennoch hat die vergleichende Analyse wichtige Punkte gezeigt. Insbesondere hat sie verdeutlicht, wie leicht zukünftige Entwicklungen des Bundeshaushalts im Lichte der Flüchtlingskrise fehlgedeutet werden können. Diese Krise ist ein enormer fiskalischer Schock, aber ihre Auswirkungen auf die deutsche Fiskalpolitik sind keineswegs prädeterminiert.

Solange die deutsche Wirtschaft wächst, dürfte die schwarze Null daher trotz der Kosten der Flüchtlingspolitik bestehen bleiben. Zur wahren Feuerprobe für den deutschen Überschuss wird nicht die Flüchtlingskrise werden, sondern der Moment, in dem Deutschland das nächste Mal in eine Rezession rutscht. Und spätestens dann sprechen die strukturellen Voraussetzungen eher dagegen, dass sich ein deutsches Überschussregime entwickelt.

Ob Deutschland seinen ausgeglichenen Haushalt dauerhaft bewahren wird, ist also aus verschiedenen strukturellen Gründen fraglich. Selbst wenn dies gelingen sollte, heißt das aber nicht, dass sich auch die Hoffnungen, die mit der schwarzen Null verbunden werden, erfüllen werden. Die Erfahrung der Länder mit langfristigen Überschüssen bietet stattdessen reichlich Anlass zu Pessimismus. Weder konnten diese Länder ihre Infrastrukturausgaben deutlich erhöhen, noch investierten sie mehr in den Ausbau eines vorsorgenden Sozialstaats.

Will man die Aussichten auf eine Stärkung der deutschen Handlungsfähigkeit abschätzen, stellt sich zunächst die Frage, wie groß die durch Überschüsse zu gewinnenden Spielräume überhaupt sind. Wenn neuerliche Defizite ausgeschlossen werden, bleiben nämlich nur zwei Optionen, gestalterische Initiativen zu finanzieren. Zunächst einmal kann dafür der Überschuss selbst verwendet werden. Das ist allerdings riskant, denn jede Reduzierung des strukturellen Überschusses erhöht die Gefahr, schon bald neue Defizite ausweisen zu müssen. Das Hauptaugenmerk muss daher auf den durch Überschüsse entstehenden Zinsersparnissen liegen. Diese erzeugen die genuinste Form neuer Spielräume: Geld, das bislang den Kreditgebern überwiesen werden musste und das nun für andere Zwecke verwendet werden kann.

Allerdings ist das Potenzial für sinkende Zinsausgaben in Deutschland nicht sehr groß. Denn die Zinszahlungen aller drei staatlichen Ebenen betrugen im Jahr 2014 überhaupt nur 1,4 Prozent des Bruttoinlandsprodukts. Vor allem aber liegen die vom deutschen Staat für neue begebene Anleihen zu zahlenden Zinssätze durch die Eurokrise bereits praktisch bei null, zumal Deutschland ohnehin als einer der besten Schuldner der Welt gilt. Seine Position an den internationalen Finanzmärkten lässt sich daher kaum noch verbessern. Dagegen war die Vorgeschichte der Überschüsse in den meisten Vergleichsländern durch mehrere Bonitätsabwertungen geprägt, so dass entsprechende Verbesserungen eine große Rolle spielten. Zwar ist der Zinseffekt auch in Deutschland nicht völlig ohne Bedeutung, weil der Staat noch immer auslaufende Altverschuldung durch niedriger verzinste neue Schulden ablösen kann. Nach mittlerweile sieben Jahren in einem Nullzinsumfeld verliert aber auch dieser Effekt zunehmend an Relevanz. Gegenüber dem Jahr 2010 sind die Zinszahlungen des Bundes bereits von 34 Milliarden auf 21 Milliarden Euro gesunken. Selbst wenn sie noch weiter auf 15 oder sogar 10 Milliarden Euro fallen sollten, große Spielräume sind damit nicht mehr zu gewinnen. Auch darin entspricht Deutschland also wiederum am ehesten der Schweiz, die ihre Gestaltungsausgaben auch aus diesem Grund kaum erhöhen konnte.

Neben den fiskalischen Voraussetzungen sind aber vor allem der politische Wille und die Stärke der hinter verschiedenen Verwendungswünschen stehenden Interessen für die Entwicklung der staatlichen Handlungsfähigkeit entscheidend. Auch der größte fiskalische Spielraum führt nicht zu wachsenden Gestaltungsausgaben, wenn die politische Kraft dazu fehlt. An Willensbekundungen, genau diese Ausgaben zu erhöhen, herrscht in Deutschland auch kein Mangel. Wie wir gesehen haben, gehören höhere Investitionsausgaben zu den Zielen, die sowohl die Union als auch die SPD mit der schwarzen Null verbinden. Bislang haben sie ihren Absichtserklärungen jedoch kaum Taten folgen lassen.

Dabei zeigen zahlreiche Untersuchungen, dass tatsächlich mehr als genug Bedarf für höhere Investitionen vorhanden ist. So stellte eine Expertengruppe des Bundeswirtschaftsministeriums unter Leitung von DIW-Chef Marcel Fratzscher 2015 »eine signifikante Investitionsschwäche [...] sowohl im öffentlichen wie im privaten Bereich« fest (Expertenkommission »Stärkung von Investitionen in Deutschland« 2015, S. 5). Die großen Wirtschaftsforschungsinstitute kalkulierten schon im Herbst 2013, Deutschland benötige zusätzliche Bildungsinvestitionen von 16 Milliarden und zusätzliche Infrastrukturinvestitionen von 8 Milliarden Euro im Jahr, um die Produktivität und Wettbewerbsfähigkeit der deutschen Wirtschaft zu gewährleisten (Projektgruppe Gemeinschaftsdiagnose 2013). Besonders groß ist dabei der Nachholbedarf bei den Kommunen, deren kumulierter Investitionsrückstand laut dem KfW-Kommunalpanel bei 132 Milliarden Euro liegt (KfW Bankengruppe 2015, S. 19). Insgesamt, so schätzt das Deutsche Institut für Wirtschaftsforschung, ist das Nettovermögen des deutschen Staates seit dem Jahr 2000 um 500 Milliarden Euro geschrumpft (Fratzscher 2016, S. 222). Angesichts dessen überrascht es nicht, dass 57 Prozent der 3300 in einer Studie des Kölner Instituts der deutschen Wirtschaft befragten Unternehmen berichteten, Infrastrukturmängel beeinträchtigten ihre Geschäftstätigkeit in mehr oder weniger starker Form (Bardt et al. 2014, S. 13).

Dass diese Investitionslücke kein bloßes statistisches Konstrukt ist, sondern reale Konsequenzen hat, zeigen die zuletzt von mehreren langfristigen Brückensperrungen verursachten Staus. So ist die Rheinbrücke Leverkusen, eine der meistbefahrenen Autobahnbrücken Deutschlands, seit 2012 fast durchgängig nur für Fahrzeuge unter 3,5 Tonnen befahrbar. Sogar vollständig gesperrt werden musste im Frühjahr 2015 die Schiersteiner Brücke der A 643 zwischen Mainz und Wiesbaden. Seit April 2015 ist sie wieder geöffnet, allerdings ebenfalls nur noch für Fahrzeuge bis zu 3,5 Tonnen. Insgesamt gelten in Deutschland bis zu 12 000 Brücken als akut oder vorhersehbar sanierungsbedürftig (Nagel/Pauly 2015).

Dieses schleichende Brückensterben hat als wohl sichtbarstes Symptom des Verfalls der deutschen Infrastruktur dazu beigetragen, eine gewisse Neuorientierung der Verkehrspolitik einzuleiten. So sieht der im März 2016 von Verkehrsminister Alexander Dobrindt vorgestellte Entwurf für den Bundesverkehrswegeplan 2030 fast siebzig Prozent des Finanzrahmens für den Erhalt bestehender Netze vor (Bundesministerium für Verkehr und digitale Infrastruktur 2016). Auch hat die Bundesregierung insgesamt eine Erhöhung der öffentlichen Investitionen beschlossen. Bereits im Herbst 2014 stellte sie ein Investitionsprogramm von zehn Milliarden Euro für die Jahre 2016-2018 in Aussicht (Bundesministerium der Finanzen 2014b). Insgesamt sollen die öffentlichen Investitionen von 2015 bis 2019 von 29,6 Milliarden Euro auf 35,0 Milliarden Euro steigen (ehe sie 2020 wieder auf 30,6 Milliarden sinken).

Setzt man diese Zahlen ins Verhältnis zur Wirtschaftsleistung und zur Größe des Bundeshaushalts, sind diese Steigerungen allerdings sehr viel weniger beeindruckend. Denn auch die gesamten Ausgaben des Bundes sollen zwischen 2015 und 2019 von 311 Milliarden auf 342 Milliarden Euro wachsen (Bundesministerium der Finanzen 2016a). Der Anteil der Investitionen am gesamten Bundeshaushalt steigt deshalb gerade einmal von 9,5 Prozent auf 10,2 Prozent.

Sehr viel größere Ressourcen stellte die Regierung dagegen für die beiden großzügigen Rentenpakete zur Verfügung, die sie schon kurz nach ihrem Amtsantritt auf den Weg brachte. Dabei sollte die Rente mit 63 einer Schlüsselklientel der SPD zugutekommen, während die Mütterrente ein Wunschprojekt für CSU-Anhänger war. Ohne jede Not wurden die Vergangenheitslasten in den öffentlichen Finanzen damit noch weiter erhöht.[1] Statt das Geld in heute geborene Kinder zu investieren, alimentiert die Regierung nachträglich die Erziehung längst erwachsener Kinder mit fast sieben Milliarden Euro im Jahr.

Schlechterdings paradox muss schließlich wirken, dass die Regierung ausgerechnet in Zeiten ausgeglichener Haushalte damit begonnen hat, nach Wegen zu suchen, Infrastrukturprojekte in sogenannten öffentlich-privaten Partnerschaften zu finanzieren. So empfahl die bereits zitierte Kommission des Wirtschaftsministeriums – gegen ein Sondervotum der in der Kommission vertretenen Gewerkschaften – eine »Mobilisierung zusätzlicher privater Infrastrukturfinanzierung« (Expertenkommission »Stärkung von Investitionen in Deutschland« 2015, S. 8). Dabei handelt es sich um nichts anderes als eine Teilprivatisierung der öffentlichen Infrastruktur, deren

1 Dass diese systemfremde Leistung über die Rentenkasse statt über den Haushalt finanziert wird, ist dabei die Kirsche auf der Sahne zukunftsvergessener Finanzpolitik.

vermeintliche Effizienz- und Kostenvorteile etwa vom Bundesrechnungshof ausgesprochen skeptisch gesehen werden (Bauchmüller 2014).

Dieses Beispiel zeigt besonders deutlich, wie groß die Lücke zwischen Verheißung und Realität der schwarzen Null bislang ist. Als Angela Merkel sich 2014 für den Bundeshaushalt feiern ließ, hatte sie noch argumentiert, »solides Haushalten« sei die »Voraussetzung für die Erneuerung unserer Infrastruktur« (Deutscher Bundestag 2014b). Dass sie »solide« haushalte, hat sich die Bundesregierung seitdem immer wieder selbst bescheinigt. Offenbar ist sie aber trotzdem der Meinung, zur Erneuerung der Infrastruktur auf private Investoren angewiesen zu sein.

Gar nicht erst diskutiert wurde schließlich die Option, die nötigen Investitionen durch eine Stärkung der Einnahmeseite des Haushalts zu finanzieren. Zwar hatte die SPD im Wahlkampf des Jahres 2013 explizit für Steuererhöhungen geworben. Nach ihrer erneuten Wahlschlappe wurden diese Pläne in den Koalitionsverhandlungen jedoch ohne größere Debatte beerdigt und sind seitdem auch nicht wieder thematisiert worden. Der deutsche Staat wird also bis auf Weiteres mit seiner aktuellen Einnahmestruktur auskommen müssen – oder mit weniger Mitteln. Denn während Steuererhöhungen einstweilen vom Tisch sind, bleiben Steuersenkungen nach wie vor ein politisch virulentes Thema.

Wie schwer es die Investitionen weiterhin haben, zeigt sich auch daran, dass europäische und amerikanische Forderungen nach einem deutschen Investitionspaket zur Konjunkturstimulierung bislang stets auf taube Ohren gestoßen sind und das aller Voraussicht nach auch weiterhin tun werden. Dabei ist die Logik solcher Forderungen durchaus einleuchtend: Deutschland hat Nachholbedarf bei den Investitionen, Europa benötigt dringend einen Wachstumsimpuls, und dank seiner exzellenten Haushaltslage hat Deutschland genügend Spielraum, diesen Impuls zu finanzieren. So oder so ähnlich lautet das Argument, mit dem Wolfgang Schäuble im Kreis der europäischen Finanzminister, auf G-20-Gipfeln oder bei den Jahrestagungen des Internationalen Währungsfonds immer wieder konfrontiert wird. Doch ebenso verlässlich wie diese Forderungen ist seine Antwort: Nicht Deutschland müsse seine Fiskalpolitik ändern; andere Länder sollten sich stärker am Berliner Vorbild orientieren.

Die bisherige Überschusspolitik der Großen Koalition ist also kaum geeignet, große Hoffnungen auf eine Stärkung des deutschen Investitionsstaates zu wecken. Stattdessen bestätigt sie in vieler Hinsicht die Kritik der Oppositionsparteien. Trotz anderslautender Absichtserklärungen hat die Bundesregierung bislang nur sehr begrenzt neue Ressourcen für die öffentliche Infrastruktur zur Verfügung gestellt. Stattdessen hat sie vor allem staatliche Transferausgaben erhöht, die jeweils einer wichtigen Klientel der beiden Koalitionspartner zugutekommen. Zwar sind Steuersenkungen (mit der Ausnahme der kalten Progression) bislang kein Thema gewesen, langfristig dürften sie aber deutlich wahrscheinlicher sein als Steuererhöhungen. Die Diagnose, die schwarze Null gehe auf Kosten der öffentlichen Investitionen, ist also durchaus berechtigt. Das Handeln des Staates mag wieder stärker gestaltbar sein, stärker gestaltend wirkt es bislang kaum.

Das ist auch nicht sonderlich überraschend. Es gibt schließlich Gründe, warum die staatlichen Gestaltungsausgaben jahrelang vernachlässigt worden sind. Verglichen mit Steuersenkungen und Konsumausgaben haben die Investitionen immer wieder zurückstecken müssen, weil es politisch nicht opportun war, in den öffentlichen Raum zu investieren. Instandhaltungsmaßnahmen bestehender Infrastruktur versprechen wenig politischen Gewinn und lösen oft sogar Kritik bei den Nutzern dieser Infrastruktur aus – wie die regelmäßigen Stürme der Empörung zeigen, die temporäre Streckensperrungen der Deutschen Bahn begleiten. Aber auch große Neubauprojekte stoßen inzwischen immer wieder auf erbitterten Widerstand von Anwohnern, deren politische Prioritäten mit dem amerikanischen Akronym »Nimby« (»not in my backyard«) angemessen beschrieben sind.

Eine Priorisierung öffentlicher Investitionen scheitert aber nicht nur an der mangelnden Unterstützung für diese Ausgaben. Sie scheitert auch daran, dass konkurrierende Verwendungen fiskalischer Ressourcen politisch viel größere Popularität genießen. So ist niemand bereit, Rentnern eine Rentenerhöhung vorzuenthalten oder Steuerzahlern eine Steuererhöhung zuzumuten, um damit öffentliche Investitionen zu finanzieren. Formuliert man diesen Zusammenhang systematischer, dann liegt das politische Problem öffentlicher Investitionen darin, dass sie diffuse Nutzen, aber sichtbare Kosten erzeugen. Der Mehrwert einer neuen Stromtrasse verteilt sich auf viele hunderttausend Bürger, während die Kosten sich bei wenigen Bürgern konzentrieren, die in der Nähe der Trasse wohnen und entsprechend heftigen Widerstand gegen den Neubau leisten. Bei vielen staatlichen Transferausgaben verhält es sich dagegen genau umgekehrt. So erzeugt die Rente mit 63 bei einer genau definierten Gruppe von Wählern einen sehr sichtbaren Mehrwert, während die Kosten auf die Schultern vieler Millionen Beitragszahler verteilt werden können. Empirische Studien zeigen denn auch, dass Investitionen, etwa in Bildung, in der Bevölkerung zwar abstrakt sehr populär sind, dass diese breite Zustimmung jedoch kollabiert, wenn die Bürger andere Politikfelder nennen sollen, in denen sie Kürzungen zugunsten der Bildungsausgaben akzeptieren würden (Busemeyer/Garritzmann/Neimans 2016). Investitionen haben deshalb einen systematischen politischen Nachteil. Es gibt keinen Grund, warum sich das im Überschuss plötzlich ändern sollte.

Aber selbst wenn Indizien wie der Bundesverkehrswegeplan eine Neuorientierung der Regierung hin zu einer stärkeren Investitionstätigkeit signalisieren würden, sollte man damit keine allzu großen Hoffnungen verknüpfen. Denn die neu gewonnenen fiskalischen Spielräume sind bei Weitem nicht so groß, wie politisch häufig suggeriert. Wenn die Politik an der schwarzen Null festhalten will, dann stehen ihr faktisch nur die Zinsersparnisse als neuer Handlungsspielraum zur Verfügung. Bei diesen hat Deutschland den größten Teil des vorhandenen Einsparpotenzials jedoch bereits realisiert.

Insgesamt zeigt der Vergleich mit den Erfahrungen anderer Überschussländer also zwei Dinge. Erstens spricht viel dafür, dass Deutschlands Überschüsse eine Episode bleiben werden. Der Grund dafür liegt allerdings nicht etwa in der Flüchtlingskrise, sondern darin, dass die Voraussetzungen für eine Bewahrung der schwarzen Null im Falle eines Konjunktureinbruchs ausgesprochen unsicher sind. Vor allem aber zeigt der Vergleich, dass eine dauerhafte Bewahrung der schwarzen Null kein Anlass für ungehemmte Begeisterung wäre. Die strukturelle Schwäche des deutschen Investitionsstaates würde durch dauerhafte Überschüsse nämlich keineswegs geheilt. Darauf deuten sowohl die bisherigen Entscheidungen der Großen Koalition hin als auch die Erfahrungen von Ländern wie Schweden, in denen die historisch-strukturellen Voraussetzungen für gestalterische Staatstätigkeit sogar wesentlich günstiger waren. Auf eine einfache Formel gebracht: Wenn sogar Schweden seine Überschüsse nicht für größere Investitionen verwendet hat, besteht wenig Hoffnung, dass dies ausgerechnet Deutschland gelingen wird.

Schluss – Eine Aufforderung zur Debatte

Die Kernthese dieses Buches lautet, dass die symbolische Überhöhung der schwarzen Null sachlich unbegründet und für die Qualität des politischen Diskurses schädlich ist. Statt die schwarze Null als geradezu unantastbare Verkörperung des fiskalpolitisch Richtigen und Guten zu feiern, wäre es geboten, ihre Vor- und Nachteile gegeneinander abzuwägen und die Legitimität kritischer Positionen anzuerkennen. Ein solcher Abwägungsprozess könnte am Ende durchaus zu dem Ergebnis führen, dass Deutschland weiterhin an der schwarzen Null festhalten sollte. Wird eine solche Debatte aber erst gar nicht geführt, hat dies auf mehreren Ebenen negative Konsequenzen.

Zunächst einmal wird die schwarze Null dadurch mit unrealistischen Erwartungen überfrachtet. Angesichts der großen Einigkeit darüber, dass Deutschland höhere Investitionen in Infrastruktur, Bildung, Forschung und Familien benötigt, überzeugt man sich nur allzu gern selbst, dass ausgeglichene Haushalte einen großen Schritt in Richtung dieser Ziele erlauben. Diese Hoffnung ist jedoch unberechtigt. Wie die Erfahrungen anderer Länder mit Überschüssen demonstrieren, ist die zunehmende Erosion der fiskalischen Demokratie durch schwarze Zahlen allein noch nicht gestoppt oder gar umgekehrt. Die Vorstellung, Überschüsse seien ein Signal für wachsende gestalterische Kapazität und Kreativität basiert folglich auf einem fundamentalen Missverständnis. Überschüsse sind eine konservierende, keine verändernde Kraft. Sie wirken nicht als Reformturbo, sondern als Reformbremse, weil sie suggerieren, ein bestehendes System sei erfolgreich und benötige keine Veränderungen.

Wer an einem langfristig gestaltungsfähigen Staat interessiert ist, wird schmerzhafte Veränderungen jedoch nicht vermeiden können. Denn im »Zeitalter permanenter Austerität« bleibt die Gestaltungsfähigkeit des Staates von zwei Seiten strukturell beschränkt: Zum einen durch den permanenten Abwärtsdruck auf die Besteuerung mobiler Faktoren, der von der Globalisierung und der Sorge um ökonomische Wettbewerbsfähigkeit ausgelöst wird; zum anderen durch den permanenten Aufwärtsdruck auf die Kosten der Vergangenheit, der nach wie vor vom demografischen Wandel ausgeht. Diese beiden Tendenzen werden aber von ausgeglichenen Haushalten in keiner Weise gestoppt.

Reformen, mit denen sich diesen strukturellen Trends begegnen ließe, sind in Zeiten fiskalischer Not jedoch viel eher durchzusetzen als in Zeiten vermeintlicher fiskalischer Sorglosigkeit. Solche Reformen müssten einerseits die Einnahmeseite des Haushalts stärken und andererseits auf der Ausgabenseite Umschichtungen in Richtung Investitionen in die Wege leiten. Konkret wären beispielsweise eine Erhöhung der Erbschaftsteuer, möglicherweise eine Wiedereinführung der Vermögensteuer und vermutlich auch eine Erhöhung verschiedener spezieller Verbrauchsteuern geboten, ebenso wie der Abbau bestimmter Steuervergünstigungen wie der Pendlerpauschale. Weil höhere Einnahmen allzu leicht in staatlichen Konsumausgaben verschwinden, würde es allerdings nicht genügen, die Einnahmeseite zu stärken.

Ebenso nötig wäre es, einen Anstieg der Sozialausgaben zu verhindern, allen voran durch eine weitere Erhöhung des Renteneintrittsalters. Im Ergebnis wäre es möglich, sowohl auf der Einnahmeseite als auch auf der Ausgabenseite neue Mittel zu generieren, die für höhere Infrastrukturausgaben, eine bessere Finanzierung des Bildungssystems, einen Ausbau einer bildungsorientierten Kinderbetreuung und andere weiche Investitionen genutzt werden könnten. Derartige Vorschläge für den Umbau zu einem »vorsorgenden Sozialstaat« liegen bereits seit mehr als zehn Jahren auf dem Tisch (Esping-Andersen et al. 2002; Morel/Palier/Palme 2012).

Die Chancen, ein solches Programm in Zeiten ausgeglichener Haushalte zu realisieren, sind jedoch minimal. Denn dieses Programm würde politische Opfer erfordern: Um es umzusetzen, müssten die Konservativen ihren Wählern höhere Steuern abverlangen, während die Linke ihrer Klientel niedrigere Renten oder längere Lebensarbeitszeiten zumuten müsste. Angesichts einer vermeintlich glänzenden Haushaltslage scheint dies allerdings gar nicht notwendig zu sein. Deshalb sind Steuererhöhungen unter Überschussbedingungen praktisch ausgeschlossen – zu mächtig ist das Argument, der ausgeglichene Haushalt beweise doch, dass genug Geld vorhanden sei. Im Gegenteil: Weil der Überschuss von den Steuerzahlern teuer bezahlt worden sei, seien nicht Steuererhöhungen, sondern Steuersenkungen das Gebot der Stunde. Aber auch auf der anderen Seite des Staatshaushaltes ist ein auf mehr Spielraum für Investitionen zielendes Reformprogramm kaum denkbar. Wer wäre bereit, in Zeiten gut gefüllter öffentlicher Kassen eine Kürzung vergangenheitsbezogener Sozialausgaben durchzusetzen? Das Argument, der Überschuss zeige, dass dies gar nicht nötig sei, wirkt hier in gleicher Weise wie in der Steuerpolitik.

Deshalb waren die Hoffnungen, Überschüsse würden die Rückkehr zu einem gestaltenden Staat erlauben, von Anfang an unberechtigt. Überschüsse sind nicht die Quelle wachsender staatlicher Gestaltungsambitionen, sondern vielmehr der Ausdruck eines Verzichts darauf. Wer auf die Rückkehr eines gestaltenden Staates hofft, muss die Voraussetzungen dafür schaffen, bevor ein Überschuss erreicht ist. Im Überschuss ist es zu spät.

Die symbolische Überhöhung der schwarzen Null weckt aber nicht nur falsche Hoffnungen. Sie verengt den Maßstab für die Bewertung der Haushaltspolitik auch auf eine einzige Kennziffer, nämlich auf den Haushaltssaldo. Gute oder schlechte Haushaltspolitik, so die Botschaft, sei am Ende allein eine Frage der Differenz zwischen den Staatsausgaben und den Staatseinnahmen. Der Saldo allein sagt jedoch fast nichts über einen Haushalt aus. Viel wichtiger ist, wie die Einnahmen erzielt und wofür sie verwendet werden. Eine schwarze Null, für die man Bildungsausgaben kürzt, eine schwarze Null, für die man die Erbschaftsteuer erhöht, und eine schwarze Null, die einem höheren Renteneintrittsalter zu verdanken ist, sind sehr unterschiedlich zu interpretieren. Man kann die Auswirkungen eines Haushalts nicht beurteilen, ohne seine einzelnen Elemente in den Blick zu nehmen.

Die Verengung der Debatte auf die schwarze Null blendet aber nicht nur die Zusammensetzung von Einnahmen und Ausgaben aus. Indem sie alle Aufmerksamkeit auf die Ziffer Null lenkt, lädt sie auch dazu ein, die

Kontextbedingungen zu ignorieren, unter denen ein Haushalt entsteht. Das suggeriert nicht bloß, die Qualität eines Haushalts lasse sich allein anhand des Saldos beurteilen. Vielmehr sei der anzustrebende Saldo auch noch immer derselbe. Treibt man diese Logik auf die Spitze, ist der ausgeglichene Haushalt gewissermaßen der richtige Haushalt für alle Umstände. Egal, ob die Zinsen bei null oder bei fünf Prozent liegen, ob Vollbeschäftigung oder Arbeitslosigkeit herrscht, ob die Gesellschaft Flüchtlinge integrieren oder für den demografischen Wandel vorsorgen muss – der Maßstab für einen guten Haushalt ist stets, ob Einnahmen und Ausgaben einander die Waage halten.

Nun kann man mit nachvollziehbaren Argumenten geteilter Meinung sein, ob eine Nullzinsphase tatsächlich eine gute Gelegenheit für zusätzliche Defizite darstellt oder ob niedrigere Bildungsausgaben wirklich der schlechteste Weg zu ausgeglichenen Haushalten sind. Dieses Buch hat diese Fragen bejaht, aber es hat nicht den Anspruch, damit letztgültige Antworten zu geben.

Entscheidend ist, dass Überschüsse – nicht anders als Defizite – unterschiedliche Gewinner und Verlierer hervorbringen, je nachdem auf welchem Weg und unter welchen Umständen sie erreicht wurden. Diese Gewinner und Verlierer haben deshalb legitime Gründe, über die Bewertung der schwarzen Null zu streiten. Sogar wenn beide Gruppen die Auffassung teilen würden, ein Haushalt mit einem Defizit sei immer ein schlechter Haushalt, heißt das noch lange nicht, dass ein Haushalt mit einem Überschuss automatisch für alle Betroffenen ein guter Haushalt ist.

Die dritte und vielleicht problematischste Folge der

symbolischen Überhöhung der Null liegt deshalb darin, solche Debatten über die Verteilungswirkungen ausgeglichener Haushalte zu verhindern. Die pompöse Rhetorik von »Meilenstein«, »Zeitenwende« und »historischer Zäsur« impliziert, die schwarze Null kenne nur Gewinner. In Wahrheit hat sie jedoch, wie jede fiskalpolitische Maßnahme, verteilungspolitische Konsequenzen.

Politische Entscheidungen verlangen nämlich immer, zwischen verschiedenen Zielen abzuwägen und dabei bestimmte Prioritäten zu setzen. Daran ändert ein Überschuss nichts. Die schwarze Null hebt diese Zielkonflikte nicht auf wundersame Weise auf. Vielmehr ist sie selbst das Ergebnis einer bestimmten Abwägung zwischen widerstreitenden Zielen. Sie geht naturgemäß immer auf Kosten anderer, oft prinzipiell wünschenswerter Maßnahmen. Diese Abwägung für ausgeglichene Haushalte zu treffen kann durchaus berechtigt sein. Aber zu einer demokratischen Fiskalpolitik gehört, dass dies immer wieder neu geprüft und begründet werden muss.

Indem die schwarze Null zu einem geradezu sakrosankten Symbol verklärt wird, verhindert man eine solche kritische Prüfung jedoch. Damit wird nämlich suggeriert, es gebe in Bezug auf ausgeglichene Haushalte gar keine legitimen Interessenkonflikte. Ausgeglichene Haushalte seien weder linke noch rechte, weder konservative noch sozialdemokratische, weder etatistische noch marktliberale Politik. Stattdessen sei die Null edel, hilfreich und gut – und zwar für jedermann. Wer dennoch Interessenkonflikte geltend macht, dem wird dann nahegelegt, an einem solchen »Tag der Freude« doch »einmal aus den parteipolitischen Gräben« herauszukommen und mit der Regierung zu feiern (so die CDU-Abgeordnete Kerstin Radomski, Deutscher Bundestag 2015b).

Dieser Versuch, die schwarze Null den vermeintlich engstirnigen und irgendwie anrüchigen Interessenkonflikten des politischen Alltags zu entziehen, hat fatale Konsequenzen für die politische Debatte. Denn er führt dazu, dass Einwänden gegen die Null nicht inhaltlich, sondern mit normativen Vorwürfen begegnet wird. Wer den ausgeglichenen Bundeshaushalt kritisiert, weil er auf Kosten der öffentlichen Investitionen gehe, dem wird nicht etwa vorgerechnet, welche Probleme eine andere Finanzierung ausgeglichener Haushalte habe. Stattdessen wird ihm allzu leicht unterstellt, er sei ein Gegner hehrer Ziele wie größerer Generationengerechtigkeit.

Diese symbolische Verklärung verhindert also eine offene Debatte über die Vorteile und Nachteile der schwarzen Null. Sie weckt falsche Hoffnungen, die letztlich enttäuscht werden müssen, blendet wichtige Elemente der Fiskalpolitik aus dem politischen Diskurs aus und führt dazu, dass fiskalpolitische Interessenkonflikte negiert werden. Das ist politisch verständlich, aber gleichwohl hochproblematisch. Denn nur wenn man hinter die glänzende Fassade der schwarzen Null blickt, ist es möglich, die Nutzen und die Kosten dieser Politik angemessen gegeneinander abzuwägen. Dies zu tun ist aber unerlässlich, wenn die schwarze Null Mittel zum Zweck sein und nicht Selbstzweck bleiben soll.

Literatur

Abelshauser, Werner (2011), *Deutsche Wirtschaftsgeschichte. Von 1945 bis zur Gegenwart*, München: C.H. Beck.

Alesina, Alberto/Silvia Ardagna (2009), *Large Changes in Fiscal Policy: Taxes Versus Spending*, Cambridge: National Bureau of Economic Research.

Ambrosius, Gerold (2005), »Von Kriegswirtschaft zu Kriegswirtschaft«, in: *Deutsche Wirtschaftsgeschichte: Ein Jahrtausend im Überblick*, herausgegeben von Michael North, München: C.H. Beck, S. 287-355.

Australian Government (2006), *Budget Overview*, Canberra: Australian Government.

Australian Government (2008), *Budget Overview*, Canberra: Australian Government.

Baldacci, Emanuele, et al. (2011), *Assessing Fiscal Stress*, IMF Working Paper 11/100, Washington, DC: Internationaler Währungsfonds.

Bardt, Hubertus/Esther Chrischilles/Manuel Fritsch/Michael Grömling/Thomas Puls/Klaus-Heiner Röhl (2014), *Die Infrastruktur in Deutschland. Zwischen Standortvorteil und Investitionsbedarf*, Köln: Institut der deutschen Wirtschaft.

Bartlett, Bruce (2007), »›Starve the beast‹: Origins and development of a budgetary metaphor«, in: *The Independent Review* 12, S. 5-26.

Bauchmüller, Michael (2014), »Autobahn mit Zinseszins«, in: *Süddeutsche Zeitung* (13. Juni 2014), S. 19.

Beckert, Jens (2013), »Imagined futures. Fictional expectations in the economy«, in: *Theory and Society* 42, S. 219-240.

Beljean, Tobias/Alain Geier (2013), »The Swiss debt brake – Has it been a success?«, in: *Swiss Journal of Economics and Statistics* 149, S. 115-135.

Blanchard, Olivier (1984), »Current and anticipated deficits, interest rates and economic activity«, in: *European Economic Review* 25, S. 7-27.

Blomqvist, Paula (2004), »The choice revolution: Privatization of Swedish welfare services in the 1990s«, in: *Social Policy and Administration* 38, S. 139-155.

Blöndal, Jon R./Michael Ruffner (2004), »Budgeting in Denmark«, in: *OECD Journal on Budgeting* 4, S. 49-79.

Blyth, Mark (2014), *Wie Europa sich kaputtspart*, Bonn: J.H.W. Dietz.

Bohsem, Guido (2015), »Es reicht noch nicht«, in: *Süddeutsche Zeitung* (18. März 2015), S. 17.

Bonner Generalanzeiger (2012), »In der Schuldenfalle«, in: *Bonner Generalanzeiger* (12. November 2012), online verfügbar unter: {http://www.ga-bonn.de/Haushaltsserie} (Stand: April 2016).

Bourgon, Jocelyne (2009), *The Government of Canada's Experience Eliminating the Deficit, 1994-1999*, Waterloo: Centre of International Governance Innovation.

Buchanan, James M./Richard E. Wagner (1977), *Democracy in Deficit: The Political Legacy of Lord Keynes*, New York: Academic Press.

Budina, Nina, et al. (2012), *Fiscal Rules at a Glance: Country Details from a New Dataset*, IMF Working Paper 12/273, Washington, DC: Internationaler Währungsfonds.

Bund der Steuerzahler (2015), *Schwarze Null: Dank an die Steuerzahler!*, Berlin: Bund der Steuerzahler Deutschland e.V., online verfügbar unter: {http://www.steuerzahler.de/wcsite.php?wc_c=64953&wc_id=75208&wc_p=1&wc_lkm=1520} (Stand: April 2016).

Bundesministerium der Finanzen (2014a), *Monatsbericht des BMF Juli 2014*, Berlin: Bundesministerium der Finanzen.

Bundesministerium der Finanzen (2014b), *Monatsbericht des BMF November 2014*, Berlin: Bundesministerium der Finanzen.

Bundesministerium der Finanzen (2016a), »Bundeskabinett beschließt Eckwerte für Haushalt 2017 und Finanzplan bis 2020«, Berlin: Bundesministerium der Finanzen, online verfügbar unter: {http://www.bundesfinanzministerium.de/Content/DE/Pressemitteilungen/Finanzpolitik/2016/03/2016-03-23-PM09-Eckwerte.html} (Stand: April 2016).

Bundesministerium der Finanzen (2016b), *Monatsbericht des BMF Januar 2016*, Berlin: Bundesministerium der Finanzen.

Bundesministerium für Verkehr und digitale Infrastruktur (2016), *Bundesverkehrswegeplan 2030*, Berlin: Bundesministerium für Verkehr und digitale Infrastruktur.

Bundesregierung (2011), *Pressestatements von Bundeskanzlerin Angela Merkel und dem Ministerpräsidenten der Republik Portugal, Pedro Passos Coelho*, Berlin: Presse- und Informationsamt der Bundesregierung, online verfügbar unter: {https://www.bundesregierung.de/ContentArchiv/DE/Archiv17/Mitschrift/Pressekonferenzen/2011/09/2011-09-01-merkel-coelho.html} (Stand: April 2016).

Busemeyer, Marius/Julian Garritzmann/Erik Neimans (2016), *Public Opinion towards Policy Trade-offs: Investigating Attitudes on Social Investment and Compensatory Welfare Policies with a New Comparative Survey*, Manuskript.

Clinton, William J. (1998), »Remarks on achieving a budget surplus«

(30. September 1998), online verfügbar unter: {http://www.presidency.ucsb.edu/ws/?pid=55006} (Stand: März 2016).
Clinton, William J. (2000), »Statement on debt reduction« (09. März 2000), online verfügbar unter: {http://www.presidency.ucsb.edu/ws/?pid=58227} (Stand: März 2016).
Congressional Budget Office (2001), *The Budget and Economic Outlook: Fiscal Years 2001-2010*, Washington, DC: Congress of the United States.
Costello, Peter (2000), »Budget Speech 2000-01«, Canberra: Department of the Treasury.
Coyne, Andrew (1995), »Envisioning a sustainable debt«, in: *The Globe and Mail* (14. Oktober 1995), S. D1, D5.
David, Paul A. (1985), »Clio and the economics of QWERTY«, in: *American Economic Review* 75, S. 332-337.
Department of Finance Canada (1999), *Budget Plan*, Ottawa: Department of Finance.
Die deutschen Bischöfe (1980), *Wort der deutschen Bischöfe zur Bundestagswahl 1980*, Bonn: Sekretariat der Deutschen Bischofskonferenz.
DeVries, Pete, et al. (2011), *A New Action-based Dataset of Fiscal Consolidation*, IMF Working Paper 11/128, Washington, DC: Internationaler Währungsfonds.
Draghi, Mario (2012), »Speech at the Global Investment Conference in London 26 July 2012«, online verfügbar unter: {https://www.ecb.europa.eu/press/key/date/2012/html/sp120726.en.html} (Stand: April 2016).
Esping-Andersen, Gosta/Duncan Gallie/Anton Hemerijck/John Myles (2002), *Why We Need a New Welfare State*, Oxford: Oxford University Press.
Europäische Kommission (2012), *Six-Pack? Two-Pack? Fiscal Compact? A Short Guide to the New EU Fiscal Governance*, online verfügbar unter: {http://ec.europa.eu/economy_finance/articles/governance/2012-03-14_six_pack_en.htm} (Stand: April 2016).
Expertenkommission »Stärkung von Investitionen in Deutschland« (2015), *Bericht der Expertenkommission im Auftrag des Bundesministers für Wirtschaft und Energie, Sigmar Gabriel. Zusammenfassung*, Berlin.
Feld, Lars P. (2011), »Krise der Staatsfinanzen: Institutionelle Rahmenbedingungen für eine solide Finanzpolitik«, in: *Institutionelle Hintergründe von Krisen*, herausgegeben von Theresia Theurl, Berlin: Duncker & Humblot, S. 19-56.
Fischer, Albert (2013), »Staatsverschuldung in der Weimarer Republik«, in: *Vom Wohl und Wehe der Staatsverschuldung. Erscheinungsformen*

und Sichtweisen von der Antike bis zur Gegenwart, herausgegeben von Thorsten Beigel und Georg Eckert, Münster: Aschendorff, S. 199-222.

Forschungsgruppe Wahlen (2014), »Politbarometer November II 2014«, online verfügbar unter: {http://www.forschungsgruppe.de/Umfragen/Politbarometer/Archiv/Politbarometer_2014/November_II_2014/} (Stand: März 2016).

Frankel, Jeffrey A./Jesse Schrager, 2013: »Over-optimistic Official Forecasts in the Eurozone and Fiscal Rules«, in: *Review of World Economics* 149, S. 247-272.

Frankfurter Allgemeine Zeitung (1979), »Junior setzt auf die Sanierung alter Bürogebäude«, in: *Frankfurter Allgemeine Zeitung* (08. Oktober 1979), S. 16.

Frankfurter Allgemeine Zeitung (1999), »Die schwarze Null«, in: *Frankfurter Allgemeine Zeitung* (04. Dezember 1999), S. 24.

Frankfurter Allgemeine Zeitung (2016a), »Haushaltssorgen trotz riesiger Rücklage«, in: *Frankfurter Allgemeine Zeitung* (14. Januar 2016), S. 15.

Frankfurter Allgemeine Zeitung (2016b), »Der Zeitzünder für die Staatsfinanzen tickt«, in: *Frankfurter Allgemeine Zeitung* (13. Februar 2016), S. 19.

Fratzscher, Marcel (2016), *Verteilungskampf. Warum Deutschland immer ungleicher wird*, München: Hanser.

Gammelin, Cerstin (2016), »Der oder ich«, in: *Süddeutsche Zeitung* (08. März 2016), S. 15.

Gittins, Ross (1999), »The high cost of paying less tax«, in: *Sydney Morning Herald* (25. August 1999), S. 15.

Goldfinch, Shaun/Daniel Malpass (2007), »The Polish shipyard: Myth, economic history and economic policy re-form in New Zealand«, in: *Australian Journal of Politics and History* 53, S. 118-137.

Government of Canada (2007), *Tax-Back Guarantee Act*, Section 60, Chapter 29 (22. Juni 2007), Ottawa: Government of Canada, Minister of Justice, online verfügbar unter: {http://lois.justice.gc.ca/PDF/T-1.3.pdf} (Stand: Januar 2016).

Graeber, David (2012), *Schulden. Die ersten 5000 Jahre*, Stuttgart: Klett-Cotta.

Greive, Martin (2014), »Deutschland muss in Europa ein Vorbild sein«, in: *Die Welt* (31. Oktober 2014), online verfügbar unter: {http://www.welt.de/wirtschaft/article133869381/Deutschland-muss-in-Europa-ein-Vorbild-sein.html} (Stand: März 2016).

Greive, Martin (2016), »Gefährliche Harmonie«, in: *Die Welt* (31. März 2016), S. 3.

Guajardo, Jaime/Daniel Leigh/Andrea Pescatori (2011), *Expansionary Austerity: New International Evidence*, IMF Working Paper 11/158, Washington, DC: Internationaler Währungsfonds.
Haffert, Lukas (2015), *Freiheit von Schulden, Freiheit zum Gestalten*, Frankfurt am Main: Campus.
Hall, Peter (2014), »Varieties of capitalism and the Euro crisis«, in: *West European Politics* 37, S. 1223-1243.
Hank, Rainer (2012), *Die Pleite-Republik. Wenn Schulden die Politik bestimmen*, Bonn: Bundeszentrale für politische Bildung.
Hansmann, Marc (2012), *Vor dem dritten Staatsbankrott?*, München: Oldenbourg.
Herndon, Thomas/Michael Ash/Robert Pollin (2013), *Does High Public Debt Consistently Stifle Economic Growth? A Critique of Reinhart and Rogoff*, Amherst: Political Economy Research Institute.
Hetschko, Clemens/Dominic Quint/Marius Thye (2012), *Nationale Schuldenbremsen für die Länder der Europäischen Union. Taugt das deutsche Modell als Vorbild?*, School of Business and Economics Discussion Paper Nr. 12, Berlin: Freie Universität Berlin.
Hinrichs, Jutta (2002), *Die Verschuldung des Bundes 1962-2001*, Sankt Augustin: Konrad-Adenauer-Stiftung.
Hirschman, Albert O. (1970), *Exit, Voice and Loyalty. Responses to Decline in Firms, Organizations and States*, Cambridge: Harvard University Press.
Holtfrerich, Carl-Ludwig (1996), »Bewältigung der deutschen Staatsbankrotte 1918 und 1945«, in: *Staatsüberschuldung*, herausgegeben von Erhard Kantzenbach, Göttingen: Vandenhoeck & Ruprecht, S. 27-57.
Hulverscheidt, Claus (2014), »Geschichte einer Null«, in: *Süddeutsche Zeitung* (26. Februar 2014), S. 4.
Internationaler Währungsfonds (2010), *Historical Public Debt Database*, Washington, DC: Internationaler Währungsfonds.
Irwin, Timothy C. (2012), *Accounting Devices and Fiscal Illusions*, IMF Staff Discussion Note 12/02, Washington, DC: Internationaler Währungsfonds.
KfW Bankengruppe (2015), *KfW-Kommunalpanel 2015*, Frankfurt am Main: KfW Bankengruppe.
Kirchhof, Paul (2012), *Deutschland im Schuldensog*, München: C.H. Beck.
Kolb, Eberhard/Dirk Schumann (2013), *Die Weimarer Republik*, München: Oldenbourg.
Konrad, Kai/Holger Zschäpitz (2010), *Schulden ohne Sühne*, München: C.H. Beck.

Lilico, Andrew/Ed Holmes/Hiba Sameen (2009), *Controlling Spending and Government Deficits: Lessons from History and International Experience*, London: Policy Exchange.

Ljungman, Gösta (2008), *Expenditure Ceilings – A Survey*, IMF Working Paper 08/282, Washington, DC: Internationaler Währungsfonds.

Luxembourg Income Study (2015), *Luxembourg Income Study Database*, online verfügbar unter: {http://www.lisdatacenter.org/} (Stand: Mai 2016).

Magin, Christian (2010), »Die Wirkungslosigkeit der neuen Schuldenbremse«, in: *Wirtschaftsdienst* 90, S. 262-268.

Martin, Paul (1997), *Building the Future for Canadians*, Ottawa: Department of Finance Canada.

Mehrtens, Philip (2014), *Staatsschulden und Staatstätigkeit: Zur Transformation der politischen Ökonomie Schwedens*, Frankfurt am Main: Campus.

Morel, Nathalie/Bruno Palier/Joakim Palme (Hg.)(2012), *Towards a Social Investment Welfare State? Ideas, Policies and Challenges*, Bristol: Policy Press.

Musgrave, Richard (1958), *The Theory of Public Finance*, New York: McGraw-Hill.

Nagel, Lars-Martin/Marcel Pauly (2015), »12 000 deutsche Brücken bedroht«, in: *Die Welt* (02. September 2015), S. 6.

Nipperdey, Thomas (1992), *Deutsche Geschichte. Bd. 2: Machtstaat vor der Demokratie*, München: C. H. Beck.

OECD (2011), *Divided We Stand. Why Inequality Keeps Rising*, Paris: OECD.

OECD (2012), *OECD Economic Outlook Nr. 92 Database*, Paris: OECD.

OECD (2014), *Taxing Wages*, Paris: OECD.

OECD (2015), *OECD Economic Outlook Nr. 98 Database*, Paris: OECD.

O'Neill, Tim (2005), *Review of Canadian Federal Fiscal Forecasting: Processes and Systems*, Toronto: O'Neill Strategic Economics.

Pagels, Wilhelm (1979), *Der »Juliusturm«. Eine politologische Fallstudie zum Verhältnis von Ökonomie, Politik und Recht in der Bundesrepublik*, Hamburg: Univ. Diss.

Palmer, Randall/Louise Egan (2011), »Chrétien says austerity measures work; cuts to social programs in 1990s saved Canada from turning into what Greece is today«, in: *The Globe and Mail* (22. November 2011), S. B8.

Persson, Göran, 1996: »The Swedish Experience in Reducing Budget Deficits and Debt«, in: *Economic Review – Federal Reserve Bank of Kansas City*, First Quarter 1996, S. 7-9.

Persson, Göran (1997), *Den som är satt i skuld är icke fri*, Stockholm: Atlas.
Pierson, Paul (1998), »Irresistable forces, immovable objects: Post-industrial welfare states confront permanent austerity«, in: *Journal of European Public Policy* 5, S. 539-560.
Pierson, Paul (2000), »Increasing returns, path dependence, and the study of politics«, in: *American Political Science Review* 94/2, S. 251-267.
Piketty, Thomas (2014), *Das Kapital im 21. Jahrhundert*, München: C.H. Beck.
Plickert, Philip (2010), »Der unsichtbare Schuldenberg«, in: *Frankfurter Allgemeine Zeitung* (26. April 2010), S. 14.
Projektgruppe Gemeinschaftsdiagnose (2013), *Konjunktur zieht an – Haushaltsüberschüsse sinnvoll nutzen. Gemeinschaftsdiagnose Herbst 2013*, Berlin: DIW.
Räth, Norbert (2009), »Rezessionen in historischer Betrachtung«, in: *Wirtschaft und Statistik* 3/2009, S. 203-208.
Reagan, Ronald (1981), »Inaugural Address« (20. Januar 1981), online verfügbar unter: {http://www.presidency.ucsb.edu/ws/?pid=43130} (Stand: März 2016).
Reinhart, Carmen M./Kenneth S. Rogoff (2010), *Growth in a Time of Debt*, Cambridge: National Bureau of Economic Research.
Rosenbaum, David E. (1998), »Even in the best of times, reaching a budget accord is a sometime thing«, in: *The New York Times* (17. Oktober 1998), S. 9.
Schäfers, Manfred (2015), »Bitte nicht wackeln!«, in: *Frankfurter Allgemeine Zeitung* (06. November 2015), S. 15.
Schäfers, Manfred (2016), »Schäuble, erbarmungslos«, in: *Frankfurter Allgemeine Zeitung* (29. Februar 2016), S. 15.
Schwartz, Hermann (1994), »Small states in big trouble: State reorganization in Australia, Denmark, New Zealand, and Sweden in the 1980s«, in: *World Politics* 46, S. 527-555.
Seils, Eric (2004), *Finanzpolitik und Arbeitsmarkt in den Niederlanden*, Wiesbaden: VS Verlag.
Smith, Adam (2013 [1776]), *Der Wohlstand der Nationen. Eine Untersuchung seiner Natur und seiner Ursachen*, München: dtv.
Der Spiegel (1972), »Staatsschulden machen die Bürger reicher«, in: *Der Spiegel* (12. Juni 1972), S. 22-30.
Der Spiegel (1992), »AEG-Chef Stöckl wirtschaftet ab«, in: *Der Spiegel* (25. Mai 1992), S. 103.
Standard & Poor's (2011), *Sovereign Rating and Country T&C Assessment Histories* (3. August 2011), New York: Standard & Poor's.

Stokes, Donald E. (1963), »Spatial models of party competition«, in: *American Political Science Review* 57, S. 368-377.

Streeck, Wolfgang (2013), *Gekaufte Zeit. Die vertagte Krise des demokratischen Kapitalismus*, Berlin: Suhrkamp.

Streeck, Wolfgang/Daniel Mertens (2010), *An Index of Fiscal Democracy*, MPIfG Working Paper 10/3, Köln: Max-Planck-Institut für Gesellschaftsforschung.

Strunk, Peter (2002), *Die AEG. Aufstieg und Niedergang einer Industrielegende*, Berlin: Nicolai.

Tanner, Jakob (2015), *Geschichte der Schweiz im 20. Jahrhundert*, München: C. H. Beck.

Tauber, Peter (2015), »Schäuble schafft das Triple: Dritter Bundeshaushalt ohne neue Schulden«, online verfügbar unter: {http://www.petertauber.de/tag/schwarze-null/} (Stand: Februar 2016).

Taylor, Frederick (2013), *Inflation. Der Untergang des Geldes in der Weimarer Republik und die Geburt eines deutschen Traumas*, München: Siedler.

Tichy, Roland (2015), »Was ist eine schwarze Null wert?«, in: *Bild am Sonntag* (08. November 2015), S. 7.

Timonen, Virpi (2003), *Restructuring the Welfare State: Globalization and Social Policy Reform in Finland and Sweden*, Cheltenham: Edward Elgar.

Ullmann, Hans-Peter (2005), *Der deutsche Steuerstaat*, München: C. H. Beck.

Verlagsgruppe Random House (2012), »Pressestimmen«, online verfügbar unter: {http://www.randomhouse.de/ebook/Die-Pleite-Republik/Rainer-Hank/e416353.rhd} (Stand: März 2016).

Wagschal, Uwe (2007), »Auf dem Weg zum Sanierungsfall? Die rot-grüne Finanzpolitik seit 2002«, in: *Ende des rot-grünen Projekts: Eine Bilanz der Regierung Schröder 2002-2005*, herausgegeben von Christoph Egle und Reimut Zohlnhöfer, Wiesbaden: VS Verlag, S. 241-270.

Wenzelburger, Georg (2010), *Haushaltskonsolidierungen und Reformprozesse*, Berlin: LIT.

Wittmann, Walter (2010), *Staatsbankrott*, Zürich: Orell Füssli.

Zitierte Parlamentsdebatten:

Deutscher Bundestag (2009), Plenarprotokoll. Stenografischer Bericht der 225. Sitzung der 16. Wahlperiode (29. Mai 2009).

Deutscher Bundestag (2011), Plenarprotokoll. Stenografischer Bericht der 122. Sitzung der 17. Wahlperiode (06. September 2011).

Deutscher Bundestag (2014a), Plenarprotokoll. Stenografischer Bericht der 69. Sitzung der 18. Wahlperiode (26. November 2014).

Deutscher Bundestag (2014b), Plenarprotokoll. Stenografischer Bericht der 50. Sitzung der 18. Wahlperiode (10. September 2014).
Deutscher Bundestag (2014c), Plenarprotokoll. Stenografischer Bericht der 49. Sitzung der 18. Wahlperiode (09. September 2014).
Deutscher Bundestag (2014d), Plenarprotokoll. Stenografischer Bericht der 52. Sitzung der 18. Wahlperiode (12. September 2014).
Deutscher Bundestag (2014e), Plenarprotokoll. Stenografischer Bericht der 68. Sitzung der 18. Wahlperiode (25. November 2014).
Deutscher Bundestag (2015a), Plenarprotokoll. Stenografischer Bericht der 119. Sitzung der 18. Wahlperiode (08. September 2015).
Deutscher Bundestag (2015b), Plenarprotokoll. Stenografischer Bericht der 78. Sitzung der 18. Wahlperiode (14. Januar 2015).

Zitierte Gesetzesänderungen:
15. Gesetz zur Änderung des Grundgesetzes vom 8. Juni 1967, BGBl. I, 1967, S. 581.
20. Gesetz zur Änderung des Grundgesetzes vom 2. Mai 1969, BGBl. I, 1969, S. 357.